猫神さま日和

八岩まどか

青弓社

猫神さま日和　目次

養蚕の守り神

猫又と化け猫

猫の恩返し

守り神としての猫

貴女・遊女と猫

福を招く

カバーイラスト――石黒亜矢子
デザイン――和田悠里［スタジオ・ポット］

養蚕の守り神

宮城県

根古の森の猫神社

正月に子どもたちが参詣した小さな社

「根古の森の猫神社」という名前を知ったのは、一九七八年に出版された永野忠一『猫の幻想と俗信——民俗学的私考』（〔「習俗双書」第九巻〕、習俗同攻会）という本でのことだった。これぞ猫のなかの猫ではないか。そこでさっそく探しにいったのだが、何しろ大和町は広いのだ。最初に訪れたときは、町の中心部でバスを降りたものの、誰に聞いても猫神社の場所がわからない。町役場にも問い合わせてみたが、「聞いたことがないですね」と先方も困った様子。結局、見つけられずにすごす

▲小さな祠のなかに猫の人形が奉納されている

黒川郡大和町吉田字根古
JR仙台駅から古川行きバスで吉岡バスターミナル下車、タクシーで15分

ごと引き返してきてしまった。それでも「台ケ森温泉の近くに根古という地域がある」という情報を得たので、再度挑戦。ようやく二度目の訪問で根古地区にたどり着くことができた。タクシーを降りて近くの家で尋ねたところ、「猫神様はあの山のなかだよ」と指さす山こそ根古の森にちがいない。昔のことを知っているというおばあちゃんの家も教えてもらったのだが、残念ながら訪問時間が遅くなり、すでに夕暮れどき。猫神様を目の前にして、再度の断念。翌日、ついに猫神様にご対面。気まぐれな猫神様を探し求めて幾歳月、ようやくのことでお目通りができたのだった。

猫神様の祠へ登る山道の入り口は、杉木立がその一角だけポッカリと開いているので、遠くからでもすぐにわかる。山道の両側にそびえ立つ杉の木々が、まるで自然の鳥居のように見える。その鳥居のあいだを登り始めると、すぐに小さな祠が見えてきた。トタン屋根の小さな祠のなかには七、八個の招き猫の置物があった。しかし、どれもくすんでいて古いものばかり。

「近ごろはお参りする人もいなくなってね」

猫神様への登り口に最も近い家のおばあちゃんが、寂しそうにそう話してくれた。

「私が子どものころは、元旦の朝早く家に祀ってある水神様にお参りして、それから向こうの山の天神様に行って猫神様に参ったもんだよ」

餅やみかんを持ってお参りして回るのが、子どもたちの正月の楽しみだったのだ。さらに

▲猫神社がある根古の森の登り口

▲しばらく歩くと小さな祠が見えてくる

▲猫神社に置かれていた石。猫に見えるか？

春先には、多くの人々がお参りに訪れたということだ。昔、大和町周辺では養蚕が盛んで、養蚕農家では蚕の守り神として猫神様を信仰していた。養蚕農家にとって鼠は大敵。蚕と繭を食い荒らすと商品にならない。鼠を捕らえる猫は、神様と呼びたいほど心強い味方だった。

「蚕を飼っていた農家の人たちが、毎年春に一カ月ぐらい、台ケ森温泉に湯治に来ていたんだけど、そのとき猫神様にお参りして、猫の置物をもらっていったんだよ」

猫神様の祠に納められていた猫の置物が蚕の天敵である鼠除けになると信じられていたのである。そして翌年、再び台ケ森温泉に湯治に来たときに、お礼に猫の置物を二つにして返す。だから、いつも猫神様の祠には猫の置物がいっぱいあったのだ。そのころは猫神様の祠も、大工に頼んで立派なものが建てられていたという。

いまでは養蚕もおこなわれなくなり、台ケ森温泉に長期湯治に来る客の姿もなくなった。猫神様に参詣する人も少なくなり、おばあちゃんとご主人が正月に榊と餅を供えるだけになってしまっている。変わっていく人の心を眺めながら、いつまで覚えていてくれるのかと猫神様が思っているのかもしれない。

東京都

琴平神社［金比羅大権現］
日本のシルクロードを見守ってきた猫神様

青梅はその名前からもわかるように梅の里である。日向和田駅を降りると目の前に吉野梅郷が広がっていて、春先の梅の花が咲くころには多くの梅見客が訪れる。この吉野梅郷を通り過ぎて日の出山登山口から山道に入り、三十分ほど歩いたところに琴平神社がある。標高二百三十メートルの高台にある小さな社だが、青梅の街並みが一望できる。青梅の街を見守っているような猫神様だ。

この琴平神社は養蚕の神様として祀られてきた。青梅では戦前まで養蚕が盛んにおこな

▲社のなかには招き猫がたくさん奉納されている

青梅市梅郷4丁目
JR青梅線日向和田駅から徒歩で約1時間

われていたという。養蚕は蚕に桑の葉を与えて育て、蚕が作った繭から糸をとり、それを紡ぐと絹糸ができる。絹糸は明治の開国以来、近代日本を支えた重要な産業となっていた。

青梅を含めて、現在の東京都多摩地区一帯でも多くの養蚕農家があった。一八五九年（安政六年）に横浜港が開港すると、日本の生糸が大量に欧米に輸出されるようになる。多摩地区で生産された生糸は八王子に集められ、明治初期には馬や人力によって横浜へと運ばれていった。この生糸が運ばれた道は浜街道と呼ばれたが、日本のシルクロードともいえる道である。やがて鉄道が開通すると、浜街道は利用されなくなっていくが、日本の近代化を象徴する道であったことは間違いない。八王子から町田を経て横浜へとつながる浜街道は現在、八王子側の鑓水峠に古道が残っていて、「絹の道」として整備されて歩くことができるようになっている。

琴平神社は、そんな日本の近代化を見守ってきた猫神様の社である。

実は、猫神様が養蚕の神様として祀られている神社や寺は全国各地にある。養蚕農家では、屋内に設けた蚕棚で蚕を育てる。蚕はカイコガというガの一種で、幼虫から成虫になるために繭を作る。この繭から糸をとって紡いだものが生糸、すなわち絹織物の材料の絹糸になる。

養蚕農家は、カイコガの卵から孵化した幼虫を蚕棚に置き、桑の葉を与えて大きく成長させ、繭になるまで育てる。高級な絹織物の材料になる蚕は、農家にとっては高額な収入を得られる商品作物だったため、「お蚕さま」と呼ばれて大切にされていた。養蚕農家で育った人の話では、「お蚕さまを育てているあいだは花火をすることができなかった」そうである。火薬が燃える臭いが蚕を刺激して成長を阻害するらしい。人間よりも大切な「お蚕さま」だったのである。

青梅の琴平神社周辺にも戦前まで養蚕農家が多く、繭が豊作だった年には陶器製の猫の人形などをお礼として神社に奉納していたそうである。

▲小さな社だが、きちんと掃除されている

▲鳥居が立っているのが琴平神社への登り口

▲山道を30分ほど登らないと社にはたどり着かない

長野県

安宮神社
峠に石仏・石神とともに猫神も並ぶ

東筑摩郡坂井村と小県郡青木村との境にあるのが修那羅峠。この修那羅峠の中腹に安宮神社があり、裏手の山道に約六百五十体の石仏が並んでいる。安宮神社の創建年代は明らかではないが、大国主命を祀る小祠だったところに社殿を設けたのは修那羅大天武だとされる。越後の国に生まれ、全国の名山にこもって六十年間の修行を経てあらたかな霊験を得た大天武は、一八五五年（安政二年）に修那羅峠にさしかかったとき、大国主命の小石祠に感嘆し、自ら鍬をとって土地を切り開いて

東筑摩郡坂井村修那羅山
ＪＲ篠ノ井線聖高原駅からタクシーで15分

▲養蚕の大神を祀った碑もある

社殿を造った。これが安宮神社の基礎となった。さらに石神像、石仏、木像、絵馬を勧請し、これを末社とした。また、土地の人々の願いに応えて雨ごいの法を修めて厚い信頼を得たという。大天武が亡くなったあと、修那羅大天武命として安宮神社に合祀された。これが安宮神社の縁起とされている。

安宮神社を訪れると、境内に数匹の猫が遊んでいた。拝殿の賽銭箱の前でうたた寝をしているのもいれば、社務所の窓口で参拝者を出迎えるのもいる。いずれも人なつこい猫ばかりだった。

社殿裏の山へ入ると、小高くなったところに二体の猫神様がちょこりんと座っていた。この安宮神社は、養蚕祈願や鼠除け祈願の信仰を集めてきたという。猫神様の近くには、「養蚕祈願」と書かれた石碑も立っていた。安宮神社までの往復に乗ったタクシー運転手の話では、この地域一帯は養蚕が盛んなところで、戦後まで養蚕業が続いていたらしい。「五十年ほど前まで私の家でも養蚕をしていました。昔は農家ならどこの家でも蚕を飼っていて、春先に座敷に蚕棚を置くと、人間は隅のほうで生活していましたよ」

春子、夏子、秋子と蚕を子どものように呼び、季節ごとに収穫したという。子どものころ、夏に花火をして父親に怒られた記憶もあるという話だった。

「火薬の臭いをかぐと蚕が酔って、いい繭ができなくなるというので怒られたものです」

現在では、養蚕をする農家もほとんどなくなってしまった。それとともに、猫神様への信

▲修那羅峠に祀られた猫神様

▲何となくひょうきんな顔をしている

▲小道に沿って祀られた石神・石仏の多くは信者が寄進したもの

仰も忘れられてしまったようだ。そんな時代の流れを気にもとめない様子で、修那羅峠の猫神様たちはいまも静かにたたずんでいる。

▲巫女の姿の石神も並ぶ

▲社務所受付で参詣者を迎えてくれる猫もいる

長野県

霊諍山の猫神

マントをはおってふんどし姿の猫神様がりりしい

長野県千曲市にある霊諍山には百体以上の石神・石仏が並んでいて、愛好家にとって人気のスポットになっている。その石神・石仏のなかに二体の猫の像、がある。一体はうずくまった猫が道行く人を見つめている。その瞳に引かれて思わずなでようと近づくと、何やらにらみを利かせているものがいる。ふんどしを締めて直立し、不敵な笑みをたたえているが、間違いなく猫の像である。よく見るとマントまで羽織っている。この二体は養蚕農家が奉納したものにちがいない。

▲霊諍山の山頂に立つ社

千曲市八幡（大雲寺裏山）
しなの鉄道屋代駅からタクシーで10分の大雲寺から徒歩で20分

ろう。
この付近一帯は明治期には多くの養蚕農家があった。蚕や繭を食い荒らす鼠は養蚕の大敵である。ふんどし姿であたりを睥睨する猫神様に、鼠も恐れをなして近づかないというのだろう。

霊諍山は明治時代の中期に開かれたと伝えられる。開祖は地元出身の北川原権兵衛という人物。母親の病気を信仰の力で治そうと修行し、六年後には神がかりができるようになった。やがて、信者を集めて「御座たて」という吉凶を占う神事をおこなうようになった。人々の願い事を神に取り次ぐことができるというので人々の尊敬を集めるようになり、霊諍山を開いたと伝えられている。

北川原権兵衛は修那羅山を開いた大天武を尊崇していたらしく、霊諍山の『開山申書』に「修奈羅様の御情により……」と記されている。修那羅山は現在のJR聖高原駅から車で十五分ほどのところにあり、安宮神社裏手の峠には約六百五十体もの石神・石仏が並んでいる。そのなかには愛らしい猫の石神様もいる。修那羅山は江戸末期に大天武によって開山されたと伝えられている（「長野県　安宮神社」を参照）。

大天武が亡くなったとき北川原権兵衛は七歳だったから直接指導を受けたとは考えにくいが、大天武の弟子である和田辰五郎が霊諍山の開山に関わっているので、権兵衛は孫弟子といえるだろうか。霊諍山に並ぶ石神・石仏は信者が寄進したものだが、修那羅山の石神・石仏とよく似た雰囲気のものが多い。距離的にもさほど離れてはいないので、両方の山に詣で

▲ふんどしを締めてマントをはおった猫神様

▲ちょっと笑ったような表情の猫神様

▲参道をひたすら登っていくと鳥居の奥に社が見える

ていた信者も多かったのではないだろうか。

霊静山にたたずむ石神・石仏たちは、この地に暮らしていた人々の信仰を現在に伝えてくれている。

▲社のなかにはきつね神と猫神が同居？

▲最近のものらしい招き猫も並ぶ

京都府

木島神社

ちりめん織りの里で信仰を集めた猫神様

京丹後市内の金刀比羅神社内に小さな社が立っている。これが木島神社だ。社は小さいものの、その前では石造りの立派な狛犬ならぬ狛猫（？）が参詣者を迎えている。

向かって左側の石像は子猫を抱いていて、前足を子猫の頭に置いている。母猫が子猫をあやしている姿がほほ笑ましい。右側にいるのが父猫だろうか。堂々とした様子で、周囲ににらみを利かせている。母猫は口を少し開け、父猫はしっかりと口を結んでいるのは、一般の狛犬にもみられる「阿・吽」の形だ。

▲江戸時代、絹織物業者の信仰を集めた

京丹後市峰山町泉1165-2
北近畿丹後鉄道峰山駅からバスで7分、金刀比羅神社内前下車

口を開けた「阿」が運や福を呼び込み、口を閉じた「吽」が呼び込んだ運や福を逃がさずに貯めることで家が豊かになっていくことを表しているそうだ。そういえば、仏教寺院を守る風神・雷神像も「阿・吽」になっている。「阿・吽」の形で一対になっているのは、聖域を守る守護神の正統な姿であるらしい。とすれば、木島神社の狛猫も、木島神社の祭神を護る守護神である。

なぜ、狛犬の代わりに狛猫がいるのか。それは、この木島神社が養蚕の神様であることと関係がある。

木島神社がある京丹後市峰山町は丹後ちりめん発祥の地であり、江戸時代には養蚕と織物で栄えた地域だった。丹後ちりめんは、江戸時代に丹後峰山に住んでいた絹屋の佐平治という絹織物職人がちりめん織りの技術を確立し、地域の人々に伝えたという。

丹後国は古くから絹織物が盛んで、絹紬や精好《せいごう》織などの高級品に人気があった。ところが江戸時代に京都西陣でお召ちりめんという新しい絹織物が開発され人気を集めると、丹後の精好織は田舎《いなか》絹と呼ばれ、時代遅れのものとみられるようになってしまった。

丹後の絹織物の衰退をなげいた佐平治は丹後の絹織物を盛り返すため、ちりめん織りの技法を習得しようと努めた。しかし、工夫を重ねてみても、ちりめん織りの技法がわからない。ついに佐平治は信仰していた寺で断食祈願をしたところ、聖観世音菩薩が夢に現れて、糸を撚る車に仕掛けがあると教えてくれたのだった。

▲社の左手にいる雌の狛猫は子猫連れ

▲社の右手にいる雄の狛猫

▲雌の狛猫には「天保2年9月」の銘がある

ちりめん織りは織り上がった生地に独特のシボ（細かいちぢれ）がある。佐平治は西陣の織屋に奉公してちりめん織りの技法を学ぼうとしたが、その凹凸を生む技法は西陣では門外不出として外部の者には教えず、糸を撚る作業は土蔵のなかでおこなわれていて、佐平次が見ることはできない。

しかし、ある夜のこと、土蔵の鍵が開いていて、これは聖観世音菩薩のお導きだと思い、佐平治は土蔵のなかに入って糸撚り車を見ることができた。その後、丹後に戻った佐平治は試行錯誤の結果、ようやくちりめん織りに成功したのだった。

丹後ちりめんは西陣のお召ちりめんよりも生地が厚手で、シボもくっきりと出ているために人気が高まった。やがて丹後一帯でちりめん織りが生産されるようになり、峰山藩がその生産を奨励したこともあって、養蚕農家も増えて一大産業に発展したのだった。

木島神社はもともと養蚕の神様であり、峰山のちりめん業者が招請してこの地に祀られるようになったということだ。

養蚕の神様であれば、狛猫が守っているのも当然だろう。蚕や繭を食い荒らす鼠を寄せつけないようにするのは、猫神様の重要な役割である。養蚕の神様の社を、子連れの猫神一家が守っている。絹織物の里ならではの、ほのぼのとした猫神様の姿である。

猫又と化け猫

岩手県

猫淵様
和尚さんに恩返しをした大猫トラの物語

岩手県陸前高田市もかつては養蚕が盛んな地域だった。矢作町にある猫淵神社は地元では「ネコブッツァマ」と呼ばれ、かつては養蚕の守り神として周辺の人々の信仰を集めていたのだろう。

しかし、この猫淵様には、養蚕の守り神とは異なる性格があったらしい。次のような話が伝わっている。

昔、この地域に宝鏡寺という寺があった。小さくて貧しい寺だったので、和尚は托鉢に出かける毎日だった。ある日、托鉢で歩く途

▲妖力で飼い主を助けたトラを祀る

陸前高田市矢作町梅木
JR大船渡線（愛称ドラゴンレール）陸前矢作駅から徒歩で30分

中で、道端に捨てられて鳴いている子猫を見つけ、かわいそうに思って寺に連れ帰ったのだった。

子猫は虎のような黄色と白の柄だったので「トラ」と名づけられてすくすくと育ち、ひときわ大きな猫になった。トラは炉端に座り込んで、近所の人々が寺を訪れても動じる様子がなく、機嫌よく客を迎えてくれる。それが話題になり、トラはこの寺の名物になった。

そんな生活が続いていたが、ある日、ふとトラがいなくなってしまった。数日しても帰ってこないので、和尚は心配になって探したが、どこにもトラの姿はなかった。するとある夜、和尚の夢にトラが現れて語りかけてきた。

「あした、近くの村の大金持ちの家でお葬式があります。この葬式で、私が棺を空高く舞い上げます。和尚は、そのお葬式に出かけて、お経をあげ、そのなかでトラヤー、トラヤー、ナムトラヤーと三回唱えてください。そうすれば棺は降りてきます」

朝、目が覚めた和尚は、昨夜の夢を不思議なことだと思い、トラが言っていた村に行ってみることにした。すると夢のとおりに大金持ちの家で葬儀をおこなっている途中で、棺が空高く舞い上がったまま降りてこない。付近の大きな寺の住職たちが懸命にお経を唱えているのだが、棺はいっこうに降りてくる気配がない。

もちろん大金持ちの主人も家族もあわてふためいているが、なす術がない。困った末に「棺を降ろしてくれる僧侶がいたら、お布施はいくらでも出す」と言いだす始末。そこで和

▲社のなかには奉納された猫の置物がある

▲地元では「ネコブッツァマ」と呼ぶ

▲鳥居が立つ参道を登る

尚が「私がお経を唱えてみましょう」と名乗り出たが、何しろ托鉢用のボロボロの僧服姿なので、最初は家の主人は相手にもせず追い返そうとしたのだった。それでも家族に懇願されて、和尚にやらせてみることにした。

和尚は夢のなかでトラが言ったように、お経の合間に「トラヤー、トラヤー、ナムトラヤー」と三回唱えたところ、不思議なことに棺が静かに降りてきて、祭壇に納まったのだった。大金持ちの主人も家族も喜び、和尚を座敷に招き入れてもてなし、たくさんのお布施を渡したのだった。

この噂が広まり「宝鏡寺の和尚は名僧だ」と語られるようになり、檀家も増えた。

しかし、この葬儀の一件後もトラは寺に戻ってはこなかった。そこで近所の人々が探したところ、近くの飯森川の淵に沈んでいるのが発見された。和尚が悲しんだのはもちろんのこと、近所の人々もトラの死を悼み、トラが発見された淵の傍らに祠を建てて「猫淵様」として祀ったのだった。

この話は、拾って育ててくれた和尚に猫が恩返しをしたという心打たれるものではあるが、人間の葬儀で遺体を納めた棺を空に舞い上げる力をもった猫の話でもある。実は同様の話が全国各地にあり、伝説では「猫檀家」という分類でまとめられている。寺の名称や猫の名前は違っていても、地域の金持ちや権力者の葬儀で、恐ろしい何者かによって空に舞い上げられた棺が貧しい寺の僧侶が読経することで無事に戻り、その僧侶の寺が栄える、という基本構造は共通している。

栃木県

金花猫大明神

祟りを恐れて大明神として祀った猫神様

東武鉄道の鬼怒川温泉駅の先は野岩鉄道会津鬼怒川線になり、ぐっとローカル色が濃くなってくる。そんなローカル駅のひとつに中三依温泉駅がある。電車を降りて、鬼怒川温泉方面へ戻るように進む。のどかな田園風景のなかを歩き、わさび園を通り越したところに「猫の野仏」という標識が立っている。小さいものなので見落としてしまいそうだ。

道端の石碑はかなりの歴史を感じるもので、うずくまってこちらをにらみ付ける猫の姿が掘られ、台座には「金花猫大明神」という文

日光市独鈷沢
野岩鉄道会津鬼怒川線中三依温泉駅から徒歩で20分

▲のどかな田園地帯にある金花猫大明神の碑

字が刻まれている。野仏というなごやかな様子ではなく、大明神というと何やらおどろおどろしい雰囲気が漂っている。

そもそも大明神とは、菅原道真を祀った北野天満宮（天神様）や平将門を祀った神田明神など、恨みを抱いて亡くなった人が祟りをもたらすのを鎮めるために祀ったものである。この独鈷沢に祀られた猫神様も、もともとは祟り神だったという話が伝えられてきた。

江戸時代、会津の殿様が参勤交代で独鈷沢を通りかかったところ、一匹の猫が殿様の乗る駕籠の前を横切った。無礼な猫だということで、お供の侍が刀を抜いて猫を切り殺してしまった。

猫の死骸は道端に捨てられたままになったが、流れ出た血で近くの沢が赤く染まった。それ以降、この沢の水を飲む人はいなくなった。

一方、会津の殿様の行列は江戸に着いたが、旅の途中で殿様は急病にかかり危篤の状態になってしまう。江戸の医師を次々に呼んで治そうとするが、病状はいっこうに改善しない。最後に祈禱師を呼んだところ、猫の祟りだという。これは独鈷沢で切り殺した猫にちがいないということで、急いで国元に早馬を送り、猫の供養をさせたのだった。

石碑に彫られた猫は、尻尾が二つに分かれている。化け猫と猫又には厳然たる違いがあるらしい。化け猫は鍋島藩の化け猫騒動のように、飼い主の恨みが猫に移ったり、人間に切り殺されるなどした猫が化けて出たもので、猫又は猫自身が長く生きることで言葉を話したり、

▲尻尾が2つに分かれた猫又の姿

▲伝説どおり沢のそばに祀られる

妖力を身につけたものだとされている。その猫又の印が、尻尾が複数に分かれていることなのだ。猫又であり、恨みを抱いて死に人に祟る化け猫でもあった。人に祟りをもたらすほどの力をもつ猫であれば、猫又であっても当然のこと。猫又か化け猫かという分け方には、あまり意味はないかもしれない。

石碑には「天保六年」(一八三五年)と建立年が刻まれている。独鈷沢の名主だった君島友吉の名前で建立されている。

ちなみに「金花猫大明神」という名の金花猫についても、妖力をもつ猫だという説がある。これは日本だけでなく、もともとは中国の金華地方での話として語られてきたようだ。金華市は中国浙江省にあり金華ハムで有名だが、この金華地方では猫は妖怪になると信じられていたそうである。

猫は人に三年飼われると妖怪になる。妖怪になる第一段階は、夜間ずっと屋上にうずくまって、月に向かって口を開けているようになる。これは月の精を吸っているのだそうだ。さらに、山奥や仏教寺院の境内に穴を掘って昼間はそこで寝ているが、夜になると活動を始める。人間の男に対しては美女に化けて現れ、人間の女に対しては美男に化けて相手を惑わせる。

また、人家に入っては飲み水に小便をする。これを飲むと、人は猫の姿を見ることができなくなり、衰弱していき、ついには病の床にふしてしまう。どちらかというと、小便を飲むよりは、美しい相手に恋わずらいをして病になるほうがましな気がするが……。

妖怪から逃れるには、病人に青い衣をかぶせて一晩おき、衣に猫の毛がついていたら妖怪の仕業である証拠。猟師を雇い、数匹の猟犬を家に一斉に放つと妖猫を捕らえることができる。そして捕らえた妖猫をあぶって病人に食べさせると、病気は治る。ただし、捕らえた猫が病人と同性だった場合は、病気は治らずに死んでしまうという。

ちなみに妖怪になりやすいのは黄猫（茶虎）であるため、金華地方では茶虎の猫は飼わなかったといわれている。

新潟県

南部神社

猫又権現とも呼ばれた猫神様

森上のバス停で降りると、すぐ前に鳥居がある。南部神社は、新田義貞の家臣・野淵某が建立したと伝えられている。鳥居横には「南部山」と書かれた石碑が立っていて、裏には「嘉永七年甲寅秋九月建当村若連中」という銘がある。嘉永七年は西暦一八五四年で、この年の十一月には年号は安政へと変わる。十四年後には時代は明治になるというときだ。

江戸時代の終わりから明治にかけて、全国的に養蚕が盛んにおこなわれるようになった。その養蚕の守り神になったのが〝猫〟だった。

▲鳥居をもつ立派な社が立っている

長岡市大字森上
JR上越線長岡駅から栃尾行きバスで栃尾車庫前乗り換え、新山経由半蔵金行きバスで森上下車

▲社の手前で参詣者を睥睨する猫神様

▲参道前に置かれた「南部山」の石碑

▲いかにも猫神という威厳ある姿

蚕を食べる鼠は養蚕農家にとっては大敵。だから、その鼠を捕る猫は神様というわけだ。この南部神社は周辺の人々からは「猫又権現」と呼ばれ、養蚕の守り神で、鼠を退治する神様として信仰を集めていたという。

鳥居をくぐると石段が続き、上り詰めたところに社が立っている。社の手前にある猫の石像は比較的新しいものと思われるが、なかなか端正で威厳がある顔をしている。さらに、社殿奥にある石には「造化神社」と記されている。いかにも猫を祀った神社という雰囲気が漂っている。

実は、南部神社がある長岡市の北東部の地域では、かつて猫又権現を信仰している人たちがいたということだ。信者が亡くなると、その遺骸が消えると信じられていた。だから、信者が亡くなると、すぐに寝間の戸を開けて、遺骸を神に捧げた。葬儀はおこなわれたが、棺のなかに遺骸はなかったという。ある信者が亡くなったとき、遺骸を神に捧げずに葬儀をおこなったところ、葬列が進む途中で嵐が起きて、それ以上進むことができなかった。その嵐は、猫又が遺骸を取りにきたために起こったのだった。

この猫又権現の本尊が南部神社であったかどうかは明らかではないが、養蚕の守り神としての猫神様が現れる以前にも、猫又への信仰があったらしいことがうかがえる。

山梨県

慈照寺の猫塚

葬儀の棺を巻き上げて和尚さんに恩返し

山梨県甲斐市周辺もかつては養蚕がおこなわれていて、慈照寺の猫塚も養蚕の神様として信仰されていたらしいが、この猫神様も化け猫としての一面をもっていたようだ。慈照寺の境内にはいまも大きな猫石があるが、これには次のような伝説が語られてきている。

江戸時代のこと。慈照寺の和尚が猫を飼っていた。しかし小さくて貧しい寺だったため猫を養えないので、「ここを出ていって、お金持ちのところにいって飼ってもらいなさい」と和尚が言うと、猫は泣く泣く出ていく

▲慈照寺の山門と法堂は山梨県の文化財に指定されている

甲斐市竜王629-1
JR中央線竜王駅から徒歩で15分

▲境内に巨大な「猫石」がある

▲何となく猫の姿に見えるか？

▲春は桜の名所でもある

ことを承知した。その際、「長年飼っていただいたご恩返しがしたいのです」と猫が言うのだった。その話では、近く甲府の旗本の家で葬儀があるので、その日に境内で数珠を高く投げ上げてほしい。そうすれば、宙に浮かんでいた葬儀の棺を境内に落とすので葬儀をおこなうようにと告げて、猫は出ていった。

しばらくすると、実際に甲府の旗本屋敷で葬儀がおこなわれることになった。葬儀を予定していた寺に棺を運んでいると、急に黒雲がわいて嵐となり、棺が巻き上げられてしまった。人々が棺の後を追っていくと、棺は慈照寺の境内に落ちた。もちろん猫が告げたように、慈照寺の住職が数珠を投げ上げたことで、空飛ぶ棺が境内に降りてきたのだった。そこで住職が葬儀を執り行い、旗本も慈照寺の檀家となり、慈照寺は栄えるようになったという。

この話もまた、前の「猫淵様」と同様に、特別な力をもつ猫が妖力を使って地元の権力者の葬儀で棺を空に巻き上げて、それを貧しい寺の住職がお経を唱えることで解決するという「猫檀家」の話である。もっとも、猫が人間の言葉を話したという時点で普通の猫ではないことはわかるのだが。人間だけでなく、猫も寺の檀家となって、寺を繁栄に導くものになったのである。

それにしても、葬儀で棺を奪われた側にとっては迷惑このうえない話ではある。当人は猫に恨みを買うような仕打ちをしたわけでもないのに、葬儀をめちゃくちゃにされて、そのうえ金を出させられるのだからたまったものではない。それでも貧乏人を化かして金を奪うのではなく、金持ちや権力者の鼻をあかすのだから、鼠小僧のような義賊につながる話として人々に受け入れられてきたのかもしれない。

ところで妖力をもつ猫が棺を奪う話の裏には、死者を操る力をもっている、あるいは死者になりすますことができる、という考えがひそんでいる。

静岡県

函南猫踊り

「猫じゃ、猫じゃ」の猫踊りが祭りになった

函南猫踊りは一九八八年から始まった新しいイベントで、八月の第三土曜日に開かれる。会場には飲食や猫グッズの出店が並び、ダンスを競う猫踊りコンテストや花火があり、最後は盆踊りのように輪になって踊る猫踊りでしめくくる。会場にこの日だけ御開帳する猫神社が設けられ、すまし顔の猫神様が鎮座する。このイベントは、函南の地域に伝わる民話をベースにしたものである。その民話とは次のようなものである。

江戸時代は天保（一八三一―四五年）のころ

▲猫踊りの日だけ姿を現す猫神様

青田方郡函南町　函南町立函南中学校グラウンド
JR東海道本線函南駅から無料の送迎バスあり

のこと。軽井沢の藤蔵という人が隣村に出かけて、夜が更けて帰ってくる途中に、村境の竹やぶから話し声が聞こえてきた。こんな夜更けに誰がいるのだろうと聞き耳をたてていると、

「みんな集まったか？」

「まだ上のシロが来ていない」

そこに誰かが来たらしく、がさがさと足音がした。

「やっと上のシロが来た。おまえが来ないと、踊りが始められないじゃないか」

待っていたシロと呼ばれる者が来たようである。親分らしい声が「とら、三毛、くろ、玉……みんな来てるな。さあ、始めよう。今夜はシロが笛を吹け」と言うと、「今夜はダメだ。夕飯に熱いおじやを食わされたので、舌をやけどしてしまった」と答えるシロ。

しばらくみんなのやりとりがあったあと、「しかたない、今夜は踊りはできない、おひらきにしよう」と行ってしまった。

聞き耳をたてていた藤蔵も、「不思議なことがあるものだ」と思いながら歩きだした。「やぶのなかで笛を吹いて踊るなんて聞いたこともないし、だいいち猫の名前ばかりじゃないか」

藤蔵は恐ろしくなって急いで家に帰ると、かみさんに「今夜は猫のシロに何を食べさせた？」と聞いたところ、「残りもののおじやをやった」という答えにびっくり。村境での出来事を語り、シロが人の言葉を話す怪猫だと知って、夫婦ともに恐ろしくなってしまった。

このまま飼っておくことはできないと考えて、翌日、囲炉裏端でうずくまっているシロに、「シロよ、お前が夜更けに踊りをしたり笛を吹いているのなら、うちで飼っておくことはできないから、どこかへ行ってくれないか」と話をした。すると、その日の夕方からシロの姿が見えなくなり、二度と帰ることはなかった。

この話は地域によっては、藤蔵の家を出たシロは峠を越えて熱海に行ったという後日談が追加されていることもある。

「猫檀家」のように飼い主に恩返しをしたという話ではない。シロは怪猫であることがばれてしまったために出ていった、というだけの話だが、この話のテーマは猫が人の言葉を話し、踊るという点にある。実は同様の猫踊りの伝承は全国各地にあり、無言で踊る、歌を歌いながら踊る、とバリエーションはあるが、踊るという要素も妖力をもつ猫の特質として語られてきたようだ。

ちなみに、猫踊りもまた日本だけの話ではないらしい。インドのヒンドゥー教には、ヴェーターラという名の巨大な猫の妖怪が存在している。シヴァ神の眷属で、地獄に属する餓鬼の一種なのだが、墓地に棲み、前後の足が後ろ向きについている姿をしている。人間の死者を操る力をもち、死者が突然くしゃみをしたり笑いだしたりして周囲の人を怖がらせるのは、ヴェーターラの仕業だとされている。

死者を操る力が猫の妖力であるとすれば、葬儀で棺を巻き上げたり、死者にとりつくなど

▲猫踊りコンテストに出場するグループは、オリジナルのダンスを披露する

▲メイクアップスクールの学生が猫メイクをしてくれる

▲人気のオリジナル猫グッズ

▲出店の販売も猫メイクで

は、猫ならではの力だといえる。

また、夕暮れどきにはシヴァ神とともに「ターンダヴァ」と呼ばれる破壊のダンスを踊るともいわれる。これを見てしまった人間は九カ月以内に死ぬとされている。

死者を操ったり猫が踊るという伝承も、意外に国際的なルーツをもつものかもしれない。

京都府

光清寺の「うかれ猫」

三味線の音に誘われて浮かれ踊った猫

光清寺は一六六九年（寛文九年）に、伏見宮貞致親王が生母である慈願院殿心和光清尼の菩提を弔うために創建したという由緒ある寺で、明治維新の立役者である岩倉具視を輩出した岩倉家の菩提寺でもある。境内に立つ弁天堂は旧伏見宮の一部だった建物を移築したもので、境内の枯山水の庭もなかなかのものである。歴史ある建物を観賞するだけでも楽しいが、猫神様探しの旅でぜひ立ち寄りたいスポットでもある。

風情がある弁天堂の南側の軒下に一枚の額

▲伏見宮が建立した由緒ある光清寺

京都市上京区出水通六軒町西入ル七番町
JR嵯峨野線円町駅から徒歩で13分

が掲げられているが、そこには牡丹の花と一匹の猫が描かれている。絵の具が薄れて見えにくくなっているが、そこには牡丹の花と一匹の猫が描かれている。これが「出水七不思議」に数えられる「浮かれ猫」の絵である。

このあたりは江戸時代の終わりごろから遊郭が立ち並ぶ花街となってきた。三味線が鳴りにぎやかな歌が聞こえてくると、その音に誘われるように絵のなかの猫が抜け出してくる。人間の美しい女の姿で夜な夜な浮かれ踊っていたという。その様子を近所の人が目にしたために大騒ぎになったのだった。

光清寺の住職もこれを聞きつけ、寺で化け猫が出るのは許しがたいと、猫を絵馬に封じ込めて金網をかけてしまった。こうして一件落着、浮かれ猫も姿を現さなくなった。

▲弁天堂の軒下にかけられた1枚の額

▲白黒の猫と牡丹の花が描かれている

▲境内の枯山水も見どころのひとつ

しばらくしたある夜、眠っている住職の夢に一人の立派な武士が現れた。「私は絵馬の化身ですが、ご住職に封じられたため苦しくてたまりません。もう二度と浮かれ出たりしませんので、封じを解いてください」と懇願した。住職も哀れに思い、金網を外してあげたのだった。

絵馬から抜け出して女の姿で踊っていた猫が、住職の夢のなかでは立派な武士の姿で現れたのは矛盾しているが、そこは妖力をもつ猫のこと。人間の女の姿で誘惑したり、信頼できそうな武士の姿で懇願したりと、相手に応じて自由に姿を変えられるのだろう。

三味線の音に誘われて絵馬を抜け出すという話は、三味線業者が作り出したのだという説もあるが、それでは身もふたもない。もっとファンタスティックな化け猫話のほうが、誰にとっても楽しいだろう。

実は、芸者や遊女がいる花街と猫神様とは密接な関係をもってきた。江戸時代から遊女を「ネコ」と呼ぶ隠語があった。男と寝るのが商売だから寝る子＝ネコと呼ばれてきたとされているが、美しく着飾って怪しげに男たちを招く姿が猫を連想させたのかもしれない。

和泉式部のような宮中に仕えた女官や位が高い武士の奥方や姫と猫との関わりを伝える話が各地に残っているのも、猫と特別な女性を結び付けるものだったと考えられる。平安時代の昔から、遊女は笠をかぶって扇を持ち、歯を黒く染める鉄漿《かね》付けをした姿で描かれている。その姿はまさに巫女であり、笠や扇は宮中の女性のような位が高い女性にだけ許された装飾品だった。遊女は単なる売春ではなく、神に仕える芸妓として一種の宗教的存在であるとみられてきたのだった。貴女や遊女と猫神様が密接な関係をもってきたのも不思議なことではないのだ。もしかしたら、全国を歩き回る巫女が猫神様の信仰を伝えたことがあったのかもしれない。

徳島県

お松大権現

主人の恨みを猫が晴らし

徳島市に隣接する阿南市に「お松大権現」がある。阿南駅からバスが出ないので、商店街のバス停まで五分ほど歩く必要がある。乗り込んで四十分ほど、バスは山間を縫いながらようやく目的地に到着した。バス停のすぐ前がお松大権現。参道の石段前に高さ二メートルの大きな招き猫が立っているのですぐにわかる。境内には、数多くの招き猫に加えて、参詣者が不調なところをさすると治る〝さすり猫〟や猫のオブジェなどもあって、まさに猫づくしの猫権現である。

▲入り口から猫がいっぱいのお松大権現

阿南市加茂町字不ケ63番地
JR牟岐線阿南駅から加茂谷行きバスで40分のお松権現前下車

「お松」というのは、〝阿波の猫騒動〟の主人公の名だ。隣の高松市にある王子神社にもお松とその飼い猫のお玉が祀られていたが、どうやらこの阿南市加茂町のお松さんが本家本元らしい。ただし、こちらのお松は庄屋の妻で、飼い猫の名は「三毛」になっている。猫騒動についてもより詳しい話が伝わっているので、紹介しておこう。

江戸時代の天和・貞享年間（一六八一―八七年）のころ。加茂村（現在の加茂町）は不作続きで、村人たちは困り果てていた。庄屋の惣兵衛は村を救うため自分の田地五反（約五十アール）を担保に、近くに住む富豪の野上三左衛門から金を借りた。返済期限が近づいたころ、ようやく金ができた惣兵衛が借金を返しにいこうとしたところに三左衛門が通りかかった。そこで金を返したのだが、通りがかりということで、証文はあとで受け取ることにした。

ところがその直後、惣兵衛は病気になり、そのまま亡くなってしまった。惣兵衛の死後、妻のお松は証文を返すようにと何度も三左衛門に求めたが、三左衛門は金は受け取っていないと言って証文を返さない。そして返済期限がくると、担保になっていた田地を取り上げてしまったのだった。

お松は思案の末に奉行所に訴え出たが、奉行の越前守は三左衛門から袖の下を受け取っていたので本気で相手にする気はない。そればかりかお松の美しさに目をつけた奉行は、自分のものにしようとしてきた。お松がこれをはねつけると、三左衛門に罪はないという裁きが下ったのだった。ついに、お松は命をかけて抗議することを決意。藩主の行列に直訴した。

▲受験の神様としても有名で、絵馬に合格を祈る人が多い

▲受験時期には境内が参詣客でいっぱいになる

▲「日本一社」と銘打たれる

▲多くの絵馬が奉納されている

当時、直訴は御法度（禁止）で、実行した者は死罪とされていた。お松は、日頃かわいがっていた猫の三毛に遺恨を伝えて処刑されたのだった。

その後、三左衛門と奉行の家に化け猫が現れ、その家族に次々と祟るようになった。そしてついに両家は断絶したという。村人たちはお松を哀れみ、お松と三毛の霊を祀るためにお松大権現を建てたという。

その後、さまざまな祈願成就、なかでも勝負事を祈るとかなえられるとして信仰を集めるようになった。現在は受験の守り神として知られ、受験シーズンには合格祈願の参詣者でにぎわうということだ。

佐賀県

秀林寺の猫塚

鍋島の化け猫騒動の猫を祀る

秀林寺という名に聞き覚えがない人でも、鍋島藩の化け猫騒動を知る人は少なくないだろう。江戸時代から歌舞伎や講談話として語られてきたし、近代ではテレビドラマや映画にもなってきた。秀林寺の境内にある猫塚には、この鍋島藩の化け猫が祀られている。講談などで語られてきた鍋島藩の化け猫騒動とは、次のようなものだった。

鍋島藩の初代藩主・鍋島勝茂（二代藩主・光茂という説もある）は安土桃山時代に藩主となり、江戸時代に入っても鍋島家が藩主を務め

▲鍋島の化け猫を祀る秀林寺

杵島郡白石町福田1644
JR長崎本線肥前白石駅から徒歩で10分

ていった。ある日、勝茂は家臣の龍造寺又一郎と碁を打っていた。勝茂は碁が得意ではなかったらしく、又一郎はつい「殿は領地を取るのは得意だが、碁はいまひとつのようですな」と口に出してしまった。その言葉に藩主である勝茂は怒り、その場で又一郎を切り殺したのだった。

又一郎の母は息子の無念の死を知ると、悲しみのあまり自害してしまった。龍造寺家で飼われていた猫の「こま」は自害した母の血をなめると、母の怨念がこまに乗り移り、化け猫になってしまう。

化け猫こまは鍋島家に祟り、藩主の勝茂は病に倒れ、その子も突然死した。さらには奥女中や家臣までが、身の丈十五メートルほどの巨大な化け猫に喉をかみ切られて次々と殺害されてしまう。

そこで、化け猫を退治しようと千布本右衛門《ちぶもとえもん》という家臣が寝ずの番をすることになる。深夜になると、勝茂の側室である豊の方が近づいてきて本右衛門に襲いかかった。とっさに本右衛門が刀を抜いて切ったところ、そこにはこまが横たわっていた。化け猫となったこまが豊の方をかみ殺して、乗り移っていたのである。

しかし、その後も化け猫の呪いは続き、こまを切り殺した千布家には後継の男子が生まれない。そこで化け猫を埋めた秀林寺の境内に祠を建てて、龍造寺家とこまの霊をなぐさめた。これがいまも秀林寺に伝わる猫塚のいわれである。

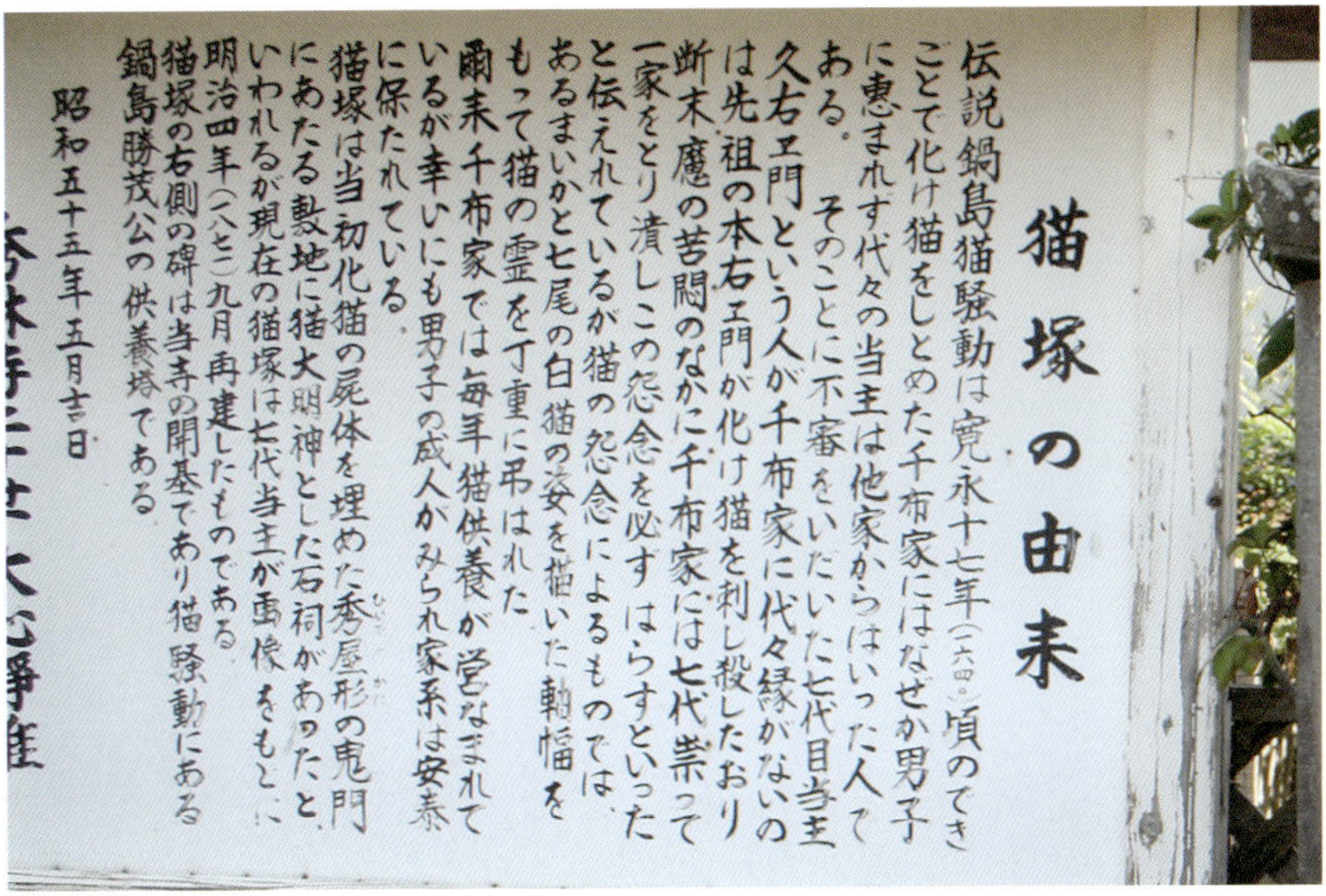
猫塚の由来
伝説鍋島猫騒動は寛永十七年(一六四〇)頃のできごとで化け猫をしとめた千布家にはなぜか男子に恵まれず代々の当主は他家からはいった人である。

そのことに不審をいだいた七代目当主久右エ門という人が千布家に代々縁がないのは先祖の本右エ門が化け猫を刺し殺したおり断末魔の苦悶のなかに千布家には七代祟って一家をとり潰しこの怨念を必ずはらすといったと伝えれているが猫の怨念によるものではあるまいかと七尾の白猫の姿を描いた軸幅をもって猫の霊を丁重に弔はれた。

爾来千布家では毎年猫供養が営なまれているが幸いにも男子の成人がみられ家系は安泰に保たれている。

猫塚は当初化猫の屍体を埋めた秀屋形の鬼門にあたる敷地に猫大明神とした石祠があったといわれるが現在の猫塚は七代当主が画像をもとに明治四年(一八七一)九月再建したものである。

猫塚の右側の碑は当寺の開基であり猫騒動にある鍋島勝茂公の供養塔である。

昭和五十五年五月吉日
▲猫塚のそばには由来が書かれている

▲猫塚を守る番犬もいる

もっとも、この話は歌舞伎や講談で語られた内容であり、実際には鍋島藩をめぐるお家騒動といえるものだった。肥前佐賀藩はもともと、豊臣秀吉から所領を受けた龍造寺家が領主として治めていたが、一五八四年（天正十二年）に島原で勃発した沖田畷《おきたなわて》の戦いで龍造寺隆信が負けて戦死し、跡を継いだ政家が病弱だったため、隆信の義弟・鍋島直茂が藩政を動かしていた。その後、豊臣秀吉の命により龍造寺政家が隠居させられ、嫡男の高房が家督を継いだが、同時に秀吉は鍋島直茂・勝茂親子にも計五万一千石の所領を認めた。鍋島家が実権を握っていることを承認したのである。

江戸時代になると、徳川家康も鍋島家の実質支配を承認し、龍造寺高房は江戸に留め置

▲尻尾が7つに分かれた猫又の姿

▲猫又が描かれたオリジナルせんべい

かれて、名目だけの国主という立場に甘んじることになる。この事態に絶望した高房は一六〇七年（慶長十二年）に江戸屋敷で妻を刺殺し、自らも自害しようとしたが、家臣に止められて九死に一生を得る。しかし、妻の亡霊に悩まされるなどで心を病み、再び自害を図って果ててしまったのだった。

その後、龍造寺家の分家などからの推挙もあり、幕府から鍋島勝茂が正式に佐賀藩の藩主と認められた。

無念の死を遂げた龍造寺高房の遺体は江戸で火葬され、佐賀城下の泰長院に埋葬された。しばらくすると、夜中に高房の亡霊が白装束で馬に乗り、城下を駆けめぐるという噂が立つようになる。この話がもととなり、龍造寺家の飼い猫が鍋島家に復讐する話が作られて、歌舞伎や講談で演じられたのだった。

鍋島藩の化け猫騒動は、歌舞伎や講談で好評を博した。鍋島藩はこれに抗議したが、人気の演目はその後も、演目名や登場人物の名を変えて上演されていった。

現在の猫塚は、化け猫を退治したとされる千布家の七代当主が一八七一年（明治四年）に再建したものだという。

猫塚と呼ばれる石碑には、尻尾が七つに分かれたこまの姿が彫られている。顔は眼差し鋭く、にらみを利かせている。ちなみに、平安時代の陰陽師だった安倍晴明の母は篠田の森に棲んでいた九尾の狐だったと伝えられているが、狐でも猫でも尻尾が何本かに分かれているものは妖力をもつと考えられていた。

尻尾が複数に分かれている猫は猫又と呼ばれていた。二又でも妖力をもつのだから、七尾の猫ともなれば、その力は計り知れないものがある。龍造寺家のこまは化け猫ではあるが、その姿は尻尾が分かれた猫又として描かれている。化け猫でもあり猫又でもあったということだろうか。

さらに、江戸時代には「キツネコ」という存在も語られていた。これは狐と猫のあいだに生まれたハイブリッド種なのだが、一定の年齢に達することで特別な力を得た猫又とは違い、キツネコは生まれながらに妖力を備えたものだったらしい。

熊本県

生善院
相良藩の化け猫騒動

熊本県の南部、宮崎県との境の山間部に水上村がある。ここには、昔から猫寺と呼ばれてきた生善院がある。江戸時代には相良藩の城下町として栄え、いまでも九州の小京都と呼ばれる人吉からくま川鉄道で約四十分、終点の湯前駅から歩いて三十分ほど。天気がよければ、田園風景のなかを散歩がてら歩くのが楽しい。

石段を上り詰めた山門の両側に、何やら立っている。よく見ると、石造りの猫である。神社に立つ狛犬のように、ここでは狛猫が参

▲生善院の山門には狛猫が座っている

球磨郡水上村岩野3542
くま川鉄道湯前駅下車、徒歩で30分

詣者を迎えてくれるのだ。境内に立つ観音堂には、猫が浮き彫りにされた極彩色の須弥壇《しゅみだん》の上に、入り母屋造りの建築を模した精巧な細工の厨子が乗っている。このほか、境内には猫の姿をした小さなお地蔵様が祀られている。

猫寺と呼ばれていたことにも表れているように、生善院はその始まりから猫にゆかりが深い寺だった。それには、「相良藩化け猫騒動」と呼ばれる事件が関わっていた。

一五八一年（天正九年）のこと。当時、人吉・球磨地方を統治していた相良氏は、鹿児島の島津義久と戦っていた。その戦いのなか、当主の相良義陽が戦死。わずか十歳だった忠房が跡を継いだ。さらに、次男の長毎《ながつね》を人質として差し出し、島津氏とも和睦を結んだのだった。ひとときの平和が訪れたかに見えたとき、島津氏が今度は人吉に隣接する八代の攻略を始めた。その勢いに、やがて再び人吉を攻めてくるのではないかという噂が流れ、人々の不安は日ごとに高まっていったのだった。

当時、現在の生善院がある場所には普門寺が立ち、近くに相良氏の出城である湯山城があった。ところで先代当主には、仲が悪い腹違いの弟・頼貞がいた。この頼貞が湯山城の近くを訪れたので、湯山城の城主だった佐渡守宗昌は、弟である普門寺住職の盛誉法印とともに会いにいき、世間話をして帰った。相良氏の家臣のなかで宗昌をよく思っていなかった者たちは、この会談を知り、先代義陽と頼貞が不仲だったことを利用して、「湯山佐渡守と盛誉法印は、頼貞とともに薩摩に協力して人吉に攻め入ってくる」と嘘の報告をしたのだ。それ

▲どことなく愛嬌がある表情

▲どっしりとした姿で、来訪者を出迎える狛猫

▲境内には猫地蔵の祠もある

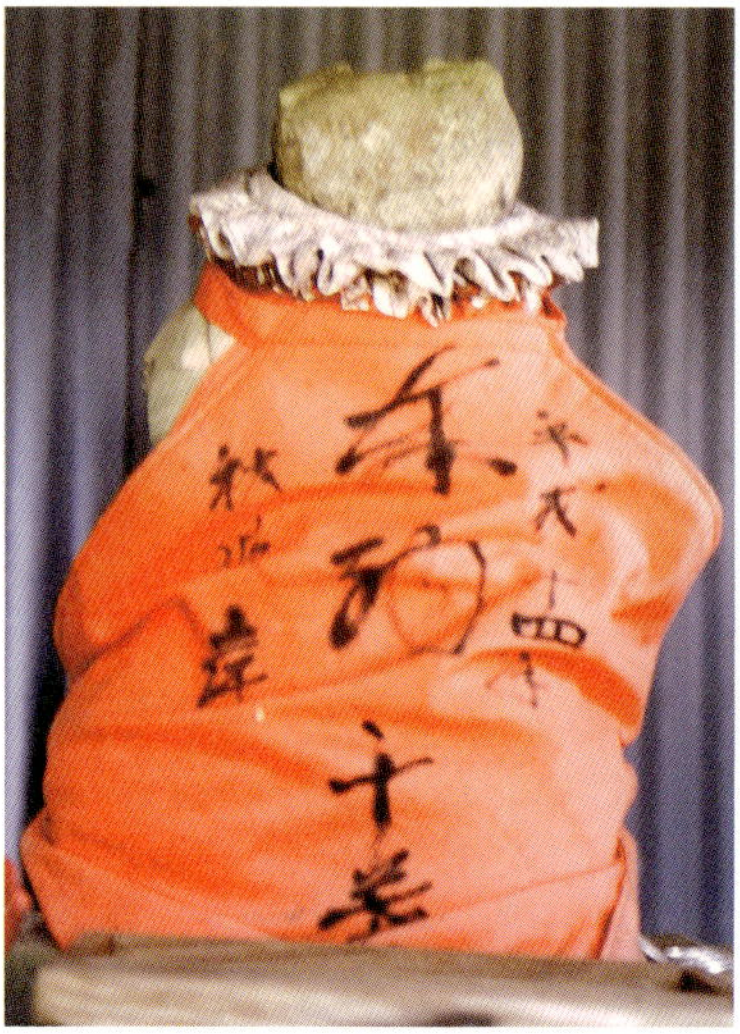

▲赤いちゃんちゃんこを着た猫地蔵

を聞いた忠房の姉は、重臣たちと協議して、湯山城と普門寺を攻めることを決めた。

自分たちに追討の命令が下ったのを知った宗昌と盛誉法印は、二人とも逃亡すれば本当に反逆したと疑われると考え、宗昌は一時、宮崎に逃れることにし、盛誉法印は普門寺に残ったのだった。相良の軍勢は球磨川を越えて、ついに普門寺への攻撃を開始。勤行中の法印の首を切り落とし、寺に火を放った。

盛誉法印の母は玖月善女といった。無実の罪を着せられ殺された息子の恨みを晴らそうと、愛猫の玉垂を連れて市房山神宮にこもり、自分の指をかみ切って神像に塗り付け、さらにその血を玉垂になめさせ、自分とともに怨霊となって、息子を陥れた者と相良家に祟るように言い含めた。二十一日間の断食のあと、玖月善女は猫を抱いて茂間が淵に身を投げたのだった。

すると間もなく、猫の霊が忠房を苦しめ始め、盛誉法印を討った武将が変死するなど、奇怪なことが続いた。そこで相良家は、盛誉法印と母の玖月善女、愛猫玉垂の霊を鎮めるために、普門寺の跡に新たに生善院を建立した。さらに江戸時代の一六二五年(寛永二年)に観音堂を建てて、法印の影仏として阿弥陀如来を、玖月善女の影仏として千手観音を祀り、代々の藩主が参詣をおこなった。さらに相良藩内の民にも毎年、市房山神社参詣とともに猫寺参詣をおこなうように命じたという。

観音堂とそのなかに安置された厨子は、ともに国の重要文化財に指定されている。

猫の恩返し

長野県

法蔵寺

袈裟をかけて念仏を唱える三毛猫がいた寺

長野市と北アルプスの麓にある信濃大町とのほぼ中間に位置する小川村は「おやきの里」としても知られる静かな田園地帯だ。落合というバス停でバスを降りて歩き始めて、ひたすら山道を登る。一時間近くも歩いて「市街地の高府からタクシーに乗るんだった」と後悔し始めたころ、ようやく法蔵寺に到着した。山深く木々の緑に包まれて立つ法蔵寺は、室町時代初期の一三四二年に鬼無里という地域に立つ臨済宗の寺だったが、戦国時代の一五三六年（天文五年）に現在地に移転、

▲信州の猫寺として知られている法蔵寺

上水内郡小川村瀬戸川19280
JR篠ノ井線・長野新幹線長野駅から大町行きバスで高府下車、タクシーで15分

曹洞宗の寺へと変わった。この地は当時、日本海側の糸魚川から善光寺街道へと通じる道の関門ともいうべき要衝だったという。以来、現在に至るまで北信濃での禅宗の修行道場として法灯を守り続けてきた。

この法蔵寺は江戸時代から「信州の猫寺」として知られてきた。というのも、三代の住職に飼われたという一匹の大きな三毛猫の話が伝えられてきたためだ。

ある朝、和尚が起きると、袈裟のかけ方がいつもと違っている。しかも、手に取ってみると湿っている。おかしなこともあるものだと見回してみても、部屋の隅で三毛がうずくまっているだけ。しかたなく、そのままお勤めに出たのだった。

ところが翌朝も、その次の朝も、同じように袈裟が湿っていた。そこで三日目の夜、和尚が寝たふりをしてあたりをうかがっていると、いつものように布団のすそで丸くなっていた三毛がむっくりと起き上がって和尚の顔を眺め始めた。和尚がすやすやと寝息をたてていることを確かめると、三毛はひらりと袈裟に飛び付いて、それを肩にかけて部屋から出ていったのだった。

和尚は静かに起き上がり、三毛に気づかれないように後をつけると、三毛は寺から少し離れたところにあるお堂に入っていった。そっとお堂のなかをのぞいたとたん、和尚の目に飛び込んできたのは――。

何十匹という猫がきちんと並んでいる前の上座に袈裟をかけた三毛が座り、和尚と同じような格好でお勤めを始めたのだった。

「ニャオン、ニャオーン」

三毛が唱えるお経は猫の鳴き声だが、集まった猫たちは神妙な様子でそれを聞いている。チーンと鉦まで叩く三毛の姿も真剣そのものだった。驚きながらも、和尚は感心した。

「門前の小僧習わぬ経を読む、といわれるが、猫も経を読むとは」

翌朝、和尚は昨夜見たことを思い出しながら、三毛の頭をなでた。

「夕べはご苦労なことだったな。さぞ眠いだろう」

そう声をかけると、三毛は驚いた目をして和尚を見つめ、庭に飛び出してしまった。和尚は「かわいそうなことをした」と思って帰りを待ったが、とうとう三毛は帰ってこなかった。

それから三年が過ぎたが、和尚が三毛のことを忘れることはなかった。ある日、立派な侍が法蔵寺を訪ねてきた。和尚を見ると、「お懐かしゅうございます」と丁寧におじぎをする。しかし、和尚にはその侍に会った記憶がない。すると侍が「私は三年前まで飼われていた三毛です」と言うので、和尚はびっくり。さらに、長いあいだかわいがってもらったお礼に、安曇郡千見の下條家を檀家にする、と告げると侍の姿は消えてしまった。

数日後、安曇郡千見の下條家の使いだという人が法蔵寺を訪ねてきた。その使いの話では、下條家の二代目当主である七兵衛信春が亡くなり、菩提寺の住職を頼んで葬儀をおこなった。出棺というときに黒雲がわき、嵐になって葬列を出すことができない。ほかの寺に頼んでみ

▲江戸時代から伝えられてきた猫塚の由来

▲袈裟をつけた三毛の像

▲法蔵寺は山奥にひっそりと立つ

たが、同じように嵐が起きるので、ほとほと困り果ててしまった。そこに若い旅の僧がやってきて、法蔵寺に頼めば無事に葬儀ができるだろうと告げたので、わざわざ使いを送ったということだった。

法蔵寺の和尚は、「三毛の仕業だな」と思ったが、仏様のためだからと安曇へ出かけていった。無事に葬儀をすませることができた下條家は法蔵寺の檀家となった。これが一六四七年（正保四年）秋のことといわれている。このことがあってから法蔵寺は「猫寺」と呼ばれるようになり、以来、三毛の供養にと、三毛が肩にかけていた袈裟を寺宝として代々伝えてきた。

また、法蔵寺では代々の和尚によって三毛猫が飼われてきたということで、現在も寺で生まれたという雄の三毛猫がいる。

静岡県

御前崎の猫塚

和尚を守るために大鼠と死闘をした猫

太平洋が目の前に広がる御前崎。海を見下ろす高台の一角にひとつの石碑が立っている。「猫塚」という名の石碑には、この地に伝わる猫にまつわる伝説が残っている。

昔、このあたりに遍照院という寺があった。ある日、遍照院の和尚が、船の板子にすがりついて沖に流されている子猫を見つけた。板子一枚下は地獄という言葉もあるように、板子は船の底に敷かれた揚げ板のこと。子猫は何かの拍子に海に落ちて、必死で船の板子にすがりつきながら流されていたのだろう。

▲御前崎の高台に立つ猫塚

御前崎市御前崎
JR東海道本線静岡駅からバスで1時間30分、御前崎海洋センター下車、徒歩で5分

和尚は子猫をかわいそうに思い、漁師に頼んで拾い上げてもらい、寺に連れ帰って飼うことにした。

それから十年後、子猫は大きく成長していた。ある日のこと、遍照院で働いていた下男が、隣の家の猫がやってきたのに気づいた。寺の猫と何やら話している様子である。下男が耳を澄ますと、隣家の猫が「一度、お伊勢参りに行かないか」と誘っている。それに答えて寺の猫が「いまは行かれない。和尚さんに災難が降りかかるから、助けてあげないといけないんだ」と答えたのだった。

その三日後のこと。真夜中に本堂の屋根裏でドタンバタンと大きな物音がした。

翌朝、和尚が村の人たちと一緒に屋根裏を調べてみると、二匹の猫が息絶えていた。寺の猫と隣家の猫だった。その脇には中型犬ほどもある大鼠が血まみれになって死んでいた。しかも、大鼠は旅の僧侶の衣を身につけている。数日前から遍照院に泊まり込んでいた雲水の衣である。大鼠が雲水に化けて寺に入り、和尚を食い殺そうと狙っていたのだった。

和尚を救った猫たちは手厚く葬られ、松の木が植えられたという。その松は現在は残っていないが、松が生えていた地に石碑を建てて「猫塚」と呼ばれるようになった。

この話には後日談がある。大鼠の死骸は海の近くに捨てられたが、その夜、村長の夢に大鼠が現れて、改心して海の守り神になる、と誓った。そこで村人たちが大鼠を埋葬してその地にも石碑を作り「ねずみ塚」と呼ばれるようになったという。

▲潮風のためか猫の顔の一部が欠けている

▲恩義に厚い猫が乗る猫塚

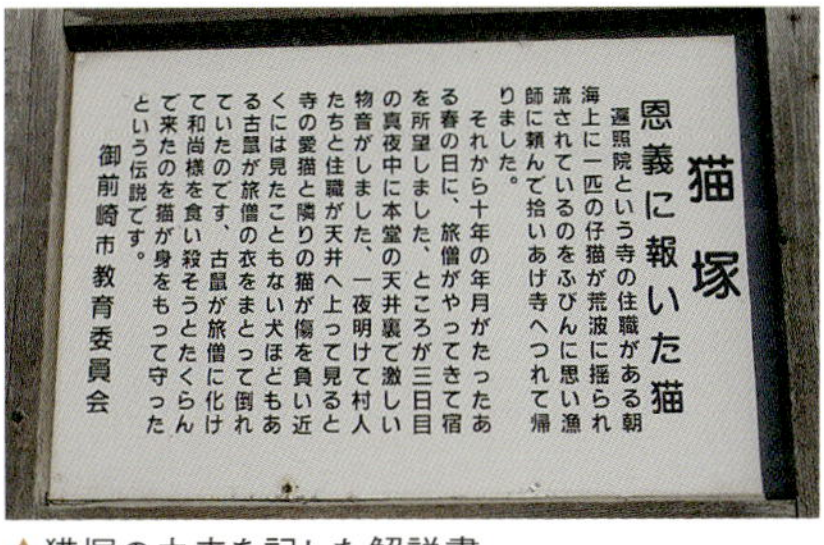

▲猫塚の由来を記した解説書

▲道の途中にも猫のオブジェが

ここでは鼠が海の守り神となっているが、海辺の地域では猫神様を航海や漁の守り神として祀っているところがある。航海に必要な食料を食い荒らしたり、ときには船の木材をかじってしまう鼠を退治してくれる猫は大切な同輩だったにちがいない。

　それにしても、寺の猫も隣家の猫も人間の言葉を話していたというのだから、二匹とも妖力を身につけた怪猫だったのだろう。しかし、この話では、猫が人間の言葉を話すことがさほど不思議なことだとは思われていないらしい。和尚の危機を救ったほどの猫だから、強い妖力をもっていても当然ということだろうか。

▲雲水に化けた鼠を祀るねずみ塚

▲ねずみ塚の前は公園になっている

▲猫も鼠も海の守り神となったのか

鳥取県

転法輪寺
踊り好きな猫「おふじ」の恩返し

転法輪寺の山門に、一匹の猫の姿が刻まれている。「おふじ」という名をもつこの猫は、飼われていた和尚に恩返しをしたと語り継がれてきた。

昔、転法輪寺にどこからか一匹の大きな猫がやってきて住み着いた。和尚や檀家の人たちはこの猫を「おふじ」と呼んでかわいがっていた。

ある暑い夏の日のこと、和尚が檀家の法事を終えて寺に帰り、普段着の法衣に着替えようとすると、そのすそが濡れている。和尚は

▲踊り猫「おふじ」の伝説がある転法輪寺

東伯郡琴浦町別宮472
JR山陰本線浦安駅から野井倉行きバスで20分、別宮下車

不思議に思ったが、そのまま着替えた。数日後、また法事で出かけていた和尚が帰ってきて着替えようとすると、やはり法衣のすそが濡れている。二度も同じことがあるのはおかしいと思って寺の者たちに尋ねたのだが、誰も法衣に触れた者はいなかった。

その夜、みんなが寝静まったころ、裏庭から人の声がかすかに聞こえてきた。和尚が耳を澄ますと、「おふじや、おふじや」と誰かが猫を呼んでいる。すると、それまで囲炉裏のそばで寝ていたおふじが起き上がって、障子に開けられていた猫用の出入り口から出ていった。和尚もそっと起き上がり、障子のすきまから外をうかがうと、「おう、出てきたか。おふじよ。今夜も一向《いっこう》が平《なる》で踊りがあるそうだ。行ってみようではないか」と話しかけたのは、別の猫だった。

「今夜は行かれぬ。和尚さんが寺にいなさるじゃ。でもな、十五日には法事があって、和尚さんが留守になる。その晩には必ず行くからな」

おふじはそう答えると、障子の穴から部屋に入ってきて、囲炉裏のそばに横になった。その様子に驚いた和尚だったが、翌朝は何食わぬ顔をして朝食をとった。おふじはいつものように台所の片隅でえさを食べていた。

十五日になり、和尚は檀家の法事に出かけていった。そしてその夜、法事のあとの膳席を抜け出して一向が平に向かい、あたりを見渡せるところに身を潜めて待った。やがて東の空から十五夜の真ん丸の月が昇り、一向が平を明るく照らした。すると、どこからか猫がたく

▲山門に彫られたおふじは、うずくまって寝たふりをしている

▲多くの石塔が並んでいるのは人々の信仰を集めてきたためだろう

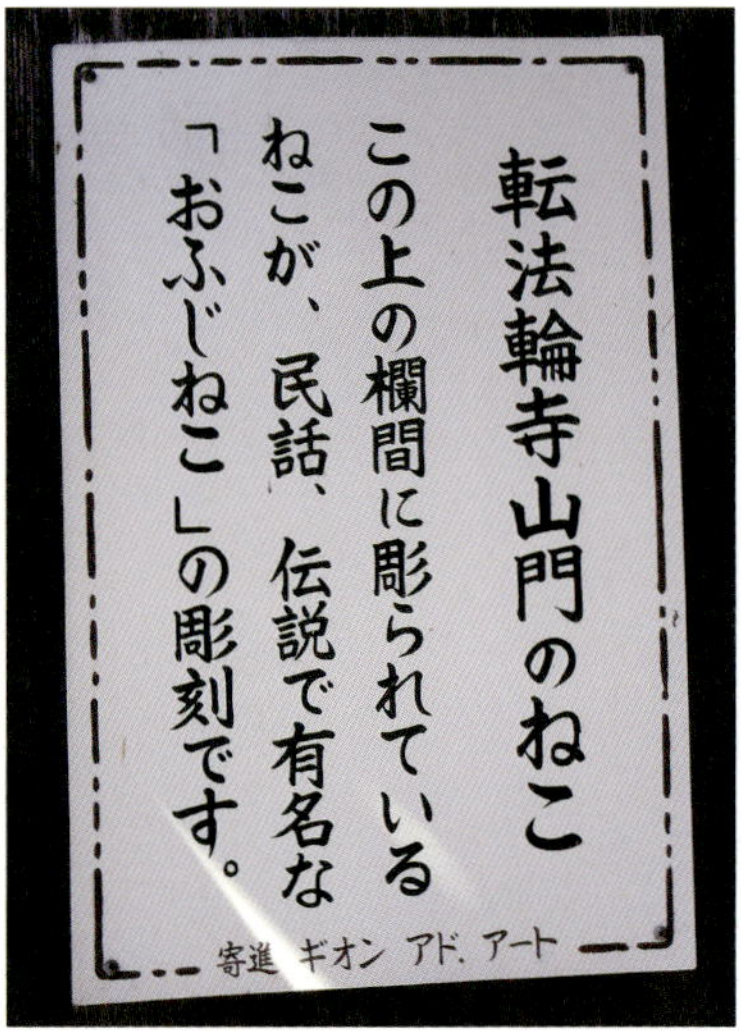
転法輪寺山門のねこ
この上の欄間に彫られている
ねこが、民話、伝説で有名な
「おふじねこ」の彫刻です。
寄進 ギオン アド. アート
▲おふじの話は周辺の民話や伝説になっている

さん集まってきた。大きな猫、小さな猫、体の模様や色もさまざまな猫が何百と輪になって、おもしろおかしく拍子をとりながら踊り始めた。和尚は、その輪のなかに見覚えがある法衣を見つけた。おふじが和尚の法衣を着て、手ぬぐいを姉さんかぶりにして踊っていたのだった。

「おふじがおらにゃ、踊りもはずまず。おふじが歌わにゃ、踊りがはずまぬ」

そう歌いながら、猫たちは楽しそうに踊り続けた。

「なるほど、法衣のすそが濡れていたのはこういうわけだったのか。それにしても、おふじが法衣を身に着けるとは不思議なことじゃわい」と思いながら、和尚は猫たちに気づかれないようにその場を離れたのだった。

翌朝、いつもと同じようにえさを食べているおふじのそばにいくと、昨晩見たことを語って聞かせた。そして、「かわいそうだが、このまま寺に置いておくわけにはいかんのじゃ」と告げた。おふじはえさを食べ終わると、寺から出ていき、それきり帰ってこなかった。

それから十数年がたち、和尚も檀家の人たちもおふじのことを忘れかけたある日のこと、因幡の国（現在の鳥取市あたり）から使いがやってきた。その使いの話では、荒金長者の家の妻が亡くなり、葬列を出そうとしたところ突然空が曇って大嵐になり、どうしても出棺できない。そんなことが何日も続き、困った末に、よく当たるという易者に占ってもらったところ、伯耆《ほうき》の国の別宮というところにある転法輪寺の和尚にお経をあげてもらえば無事に葬列が出せるという。そこで急いで迎えにきたという話だった。

和尚はその話を聞いて気の毒に思い、急いで支度をすると、迎えの駕籠に乗り込んだ。長者の家に着いて和尚がお経をあげると、何事もなく出棺でき、無事に葬儀を終えることができた。喜んだ長者は転法輪寺に多額のお金を奉納したのだった。

実は、その大嵐を起こしていたのは、おふじだった。しかし、おふじはその後も和尚の前に姿を見せることはなかった。あるいは別の物語として、おふじが人間に化けて荒金長者の妻になったが、病気で亡くなったあと、昔かわいがられた和尚に弔ってもらいたくて大嵐を起こしていたという話もある。このことがあってから、転法輪寺に参詣する人が多くなった。

檀家の人たちはこのことを語り伝え、寺の山門におふじの姿を彫り付けたということだ。

寺伝によると、九七二年（天禄三年）に空也上人がこの地で入定。円融天皇がここに精舎を建立し、転法輪寺と名づけたとされている。その歴史ある寺の山門で、いまも背を丸くして眠るおふじの姿がある。

山口県

雲林寺
主人に殉じた忠義猫

山口県の雲林寺には、最近、海外からの観光客も来るらしい。平日の午後、それも雨の日に訪れたにもかかわらず、雲林寺にはお客さんがいっぱい。台湾あたりからの観光客だろうか、門前には観光バスが横付けされている。外国人の観光ツアーの人気スポットになるほどの人気の理由とは、本堂にも境内にも猫像や猫の人形、絵が所狭しと置かれているからだ。その数五百体以上だそうだ。その猫たちに囲まれて、外国からの観光客も「カワイイ」と日本語で声をあげる。この寺の猫神

▲雲林寺の山門から猫の彫刻がいっぱい

萩市吉部上2489
JR山陰本線萩駅からバス。吉部・津和野行きに乗り吉部で御舟子行きバスに乗り換えて吉部市下車、徒歩で5分

様はかなりの力をもっているようだ。

この雲林寺は天樹院の末寺で、この天樹院にある猫の伝説が伝えられてきた。萩に城下町を築いた毛利輝元が一六二五年（寛永二年）に亡くなると、家臣の長井元房は主人の後を追って自刃してしまう。この元房にはかわいがっていた猫がいた。元房の亡骸《なきがら》は天樹院に埋葬されたが、飼い猫はその墓前から離れようとしない。四十九日間たって主人の喪が明けると、猫はその場で舌をかんで主人の後を追ったのだった。

その後、天樹院周辺では夜な夜な猫の鳴き声が聞こえるようになった。猫を哀れに思った天樹院の僧侶が供養すると、猫の鳴き声も聞こえないようになった。そこで、この界隈を「猫の丁」と呼ぶようになった。

萩市のマスコットキャラクターである「萩ニャン」は、主人の後を追った忠義猫の生まれ変わり。毛利家紋の肉球バージョンが入った陣笠をかぶり、首には鈴の代わりに萩の特産品である夏みかんをつけていて、服は高杉晋作の奇兵隊の隊服を着ている。萩市観光課課長代理に就任して萩の魅力をＰＲしているそうだ。

この話は、亡き主人が帰ってくるのを待って毎日渋谷駅に迎えに出ていた忠犬ハチ公にも似ている。しかし犬ならともかく、猫が亡くなった主人に殉じるというのは、自分勝手な生き物という猫のイメージにはそぐわない話だろう。しかし、普段は勝手気ままに生きているように見える猫でも、好きな飼い主に会えなくなると食欲をなくしたり、じっとして動かな

▲山門で出迎える2体は阿吽になった狛猫

▲笠をかぶった托鉢僧ももちろん猫

▲見ニャオ、聞かニャオ、云わニャオ

▲玄関の梁の上にも本物そっくりの猫

くなるなど、人間のウツのような状態になる猫も少なくない。猫は意外に情が深い生き物なのだ。

福岡県

東光院の猫塚

飯と野菜しか口にしない精進猫

この東光院には寺を繁盛させた猫の話が伝えられている。江戸時代、福岡藩主だった黒田忠元が家来を引き連れて狩りに出かけたときのこと。帰り道に、疲れた一行は荒れ果てた寺を見つけて休息をとることにした。

老いた住職が迎えに出たが、「貧乏な寺ですので何のおもてなしもできません」と言って本堂に戻っていった。

一行が狩りの獲物を調理して食べていると、どこからともなく一匹の猫が現れた。家来のひとりが獣肉を与えたが、猫は興味がない様

▲黒田の殿様を感心させた猫

福岡市博多区吉塚3-20-37
JR鹿児島本線吉塚駅から徒歩で10分

子。そこで鶏肉を与えてみたが、なおも食べようとしない。かといって出ていくこともなく、食事を期待しているようなので、試しに飯と野菜を与えたところ、なんとおいしそうに食べ始めたのだ。そして野菜飯を食べ終わると、満足そうにその場で眠り込んだのだった。

黒田の殿様はその話を聞くと、「飼い猫まで精進料理しか口にしないようにしつけるとはあっぱれ」と感心して、寺の来歴などを調べるようにと命じた。荒れてはいるが東光院という由緒のある寺だと判明し、この寺を修復して手厚く保護したという。

この精進猫は寺の復興に功績があったとして、死後に手厚く葬られ、その場に塚が建てられた。

▲境内の一角にある「猫つか」

▲広い境内をもつ古刹

▲精進猫が眠っている

いまも境内の一角に猫塚が立っていて、そこには「猫つか」という文字とともに一匹の猫の姿が彫られている。

実は、これに似た話が各地に存在している。例えば、長野県にある法蔵寺には、お経を唱えた猫の話が伝わっている。和尚がかわいがっていた猫が、夜な夜な寺の本堂に近所の猫を集めて、和尚の袈裟を着て、木魚を叩きながら「ニャムニャム」とお経のようなものを唱えていたというのである（「長野県　法蔵寺」を参照）。

「門前の小僧、習わぬ経を読む」ということわざもあるが、寺で飼われていれば猫もお経を読めるようになるのだろうか。そんな猫もいるぐらいだから、精進料理しか口にしない猫がいても不思議ではないのである。

同時に、この話は「人を招く猫」という伝承にも通じるものがある。東京にある豪徳寺は招き猫で有名な寺だが、その招き猫の由来は、猫がお殿様を招いたことにある。井伊のお殿様が狩りに出た帰りに、ある寺の前で猫が手招きしていたので、その寺で休んでいると雨が降りだした。雨を避けられたのは猫のおかげだからと、お殿様は豪徳寺を保護して、豪徳寺が栄えるようになったという話である（「東京都　豪徳寺」を参照）。

東光院の猫は、これらを合わせたような内容になっている。精進猫として地域の権力者の心をつかみ、飼い主である寺の和尚に繁栄をもたらす。まさに猫の恩返しの典型といえる話だろう。

福岡県

宮若の追い出し猫

大鼠と戦って和尚を守った猫たちが眠る

猫塚公園前というバス停の名前からして、いかにも猫神様の棲み家らしいと思っていたら、すでにバス停自体が猫形をしているし、すぐ横にある大きな猫のオブジェが目を引く。一帯は猫塚公園になっていて、「宮若追い出し猫」と書かれた石碑も立っている。猫の像には表裏に顔があって、一方は優しい笑顔、他方はホウキを持って怒った顔でいまにも襲いかかりそうな様子である。

この宮若市にも、飼い主のために大鼠と戦った猫の話が伝わっている。

▲猫塚一帯は公園になっている

宮若市山口
JR鹿児島本線福間駅からバス、猫塚公園前下車すぐ

▲悪運はホウキで追い出す

▲幸運を招く側の顔はニッコリ

▲2つの面を持つ追い出し猫

▲地元に伝わる宮若追い出し猫の由来

▲多くの猫が力を合わせて戦った

▲追い出し猫になって記念写真も

▲バス停も福を招く猫の形

▲「猫塚公園前」のバス停

それは四百年ほど前のこと。現在の猫塚公園のところに西福寺という寺があった。その寺の和尚はたいそうな猫好きで、寺でも一匹の猫を飼っていた。

あるとき、この寺に大鼠が入り込み、和尚を襲ったり、近所の家や田畑を荒らし回った。その大鼠にほとほと困り果てた和尚。そんな飼い主の姿を見て、寺の猫は周辺の猫仲間に声をかけると、数百匹の猫が集まった。

猫たちは大鼠を退治するために決死の覚悟で戦いをいどんだ。大鼠の死骸の周辺には、たくさんの猫たちが倒れていて、そこには寺の猫もいた。大鼠との死闘のなかで命つきたのだった。

和尚は猫たちを哀れみ、猫塚を作って供養した。その猫塚がいまも残っている。現在の宮若追い出し猫のホウキを持って怒る姿は、大鼠を退治した猫塚の猫たちにあやかったものである。ホウキで禍を追い出し、福を招くのだとか。追い出し猫は宮若市のキャラクターになっていて、追い出し猫の人形が売られているほか、街のあちこちにオブジェが置かれている。

この話はかわいがってくれた飼い主に猫が恩返しをするという物語だが、猫と鼠の話となれば、養蚕を背景とした信仰があったと想像される。実際、福岡県には江戸時代から続く博多織の工房がある。その歴史は七百七十年以上も前、中国の宋から博多の商人が織物の技法を持ち帰ったことから始まると伝えられている。張りがある生地は帯に最適で、江戸時代に歌舞伎役者が博多織の帯を締めて舞台に立ったことから、江戸中で評判になったという逸話もある。福岡藩が博多織の生産を奨励したこともあり、藩の重要な産物になった。もちろん、博多織を支える養蚕も盛んにおこなわれていたにちがいない。宮若追い出し猫の活躍には、養蚕の大敵である鼠から蚕や繭を守るために猫神様を祀ったという、もうひとつのルーツがあるのではないだろうか。

守り神としての猫

宮城県

美与利大明神
猫の島の猫神様

田代島はNHKテレビの人形劇『ひょっこりひょうたん島』（一九六四―六九年）のモデルになった島でもある。この島は昔から「猫の島」と呼ばれていて、犬を飼ったり連れてきてはいけないとされてきた。島の周囲は約八キロという小さな島で、中央にある丘に猫神様が祀られている。石巻港からフェリーで約四十分。大泊で下船して山道を登っていくと、十五分ほどで猫神様の社が現れた。脇にある立て札には、この社が建てられたいきさつが書かれている。それは明治時代末から大正時

▲小さな山の頂上にある猫神社

石巻市田代島
JR仙石線石巻駅下車、網地島行きフェリーで田代島・大泊あるいは田代島・仁斗田で下船

代にかけてのことだという。

当時、島では大謀網漁《だいぼうあみ》が盛んにおこなわれていた。例年、春の訪れとともに大謀網漁の準備が始まり、島中に活気が戻ってくる。忙しく働く漁師たちのそばに、人なつこい島の猫たちも集まってきていた。ある日、船の錨を作るために砕石していたところ石片が飛び散り、一匹の猫に当たって瀕死の重傷を負わせてしまった。島では昔から「猫は大漁を招く」といって大切にしていたために、大謀（漁の総監督）を務めていた阿部家ではたいへん心を痛め、今後の猫の安全と大漁を祈願して石造りの小祠を安置して、猫神様として祀ったということだ。その後も阿部家が祭主を務め、毎年三月十五日に祭りがおこなわれ、供物のマグロとお神酒《みき》を捧げたそうである。

これとは別の説も島には伝わっている。猫神様の社に祀られているのは大きな黒猫で、いまでも島の神として岩窟のなかに棲んでいる。もともとの猫は、対岸の大原浜に住んでいた八兵衛という漁民の家で飼われていた猫だった。その猫は三十年も生きていたが、ある晩、主人が出かけて女房がひとりで留守番をしているときに、猫が浄瑠璃を語って聞かせた。それ以来、猫はいなくなってしまった。同じころ、船を雇って田代島に渡ってきた立派な武士がいたが、その武士が浄瑠璃を語った猫らしいとのことである。船賃として受け取った金が、あとでよく見ると木の葉だったという話も伝わっている。

島人の猫神様への信仰は厚く、その年のはじめに捕れたカツオやマグロはまず猫神様に捧げたという。また、よそから犬が島に来ると、たちまち海が荒れるともいわれていた。

漁で生きる島で、猫が大切にされたのにはそれなりの理由がある。実は、漁師や船乗りのあいだでは、猫は航海の守り神として大切にされてきたのだった。出航するときには必ず猫を伴い、猫が眠っていれば晴天で、猫が騒げばしけになるといわれた。とくに三毛猫の雄は幸運を招くとして珍重されたのだった。

猫神様の祭主を務めてきた阿部家の方に会いたいと思って訪ねたのだが、すでに島外に住居を移してしまっていて、いまでは猫神様の社を守る人もいなくなったとのことだった。

それでも田代島が猫の島であることに変わりはない。猫神様の社からの帰り、散歩がてら仁斗田の港まで歩いたのだが、途中でたくさんの猫たちに出会うことができた。どの猫も人の姿を見ると寄ってくる。仁斗田の港でフェリーを待つあいだ、のんびりと横になって海を眺めている猫を見かけた。すぐそばに私が座っても、意に介さない様子で海を眺めている。まるで哲学者のような猫の姿に、島の人々の崇敬を集めてきた猫神様が重なって見えたのだった。

二〇一一年の東日本大震災で田代島も被災したが、猫たちの多くは山の上にのがれて生き延びたそうである。野性の勘によって大地と海の異変をいち早く察知したのだろうか。震災からの復興のなかでも、猫たちとの出会いを求めて訪れる観光客は多く、田代島の猫は客を招く福猫となっている。

▲漁から帰ってくる漁船を出迎える

▲猫神様の祠には奉納がいっぱい

▲散策していると猫が寄ってくる

東京都

阿豆佐味天神社

いなくなった猫が戻ってくる

阿豆佐味天神社と書いて「あずさみてんじんしゃ」と読む。何やら『古事記』などに出てくるヤマト文字?のような、格調を感じる神社名である。ここは通称「猫返し神社」と呼ばれている。正確には阿豆佐味天神社そのものではなく、境内にある蚕影《こかげ》神社が猫返しの神様なのだそうだ。

飼い猫がいなくなったとき、蚕影神社にお参りし、絵馬に願いを書くと、猫が帰ってくるというので「猫返し神社」と呼ばれるのである。著名なミュージシャンが愛猫が帰って

▲境内の一角に祀られた蚕影神社

立川市砂川町4-1-1
JR中央線立川駅からバスで15分の砂川四番下車すぐ

▲「ただいま猫」をなでて愛猫を思う

きたことをエッセーで書いたこともあるのだから、なかなかに霊験あらたかな神様であるようだ。

蚕影神社には「ただいま猫」と名づけられた石像があり、参詣者は愛猫を思いながら「ただいま猫」をなで、猫絵馬や猫守りを求めて飼い猫の無事を祈る。

蚕影神社という社名に表れているように、もともとは養蚕の守り神として祀られていたと推測される。本書「養蚕の守り神」の項でもみたように、多摩地域では江戸時代から養蚕が盛んにおこなわれていた。その当時は、蚕影神社は養蚕の豊作と鼠除けを祈る猫神様であったにちがいない。

▲境内には多くの合祀社がある

▲清めの水にも猫の姿が

▲愛猫が戻ってくることを絵馬に祈願

養蚕業が衰退していき、鼠から蚕を守る猫神様という位置づけが薄れ、迷い猫を家に導く猫神様という新たな要素が生まれてきたと考えられる。時代の役割を終えても、新しい存在意義を獲得していく。まさに猫の目のようにクルクルと変わっていく。猫神様のしたたかさが感じられる話である。

それにしても、なぜ「猫返し神社」なのかという疑問が残る。もしかしたら、猫を含めて動物に備わった特別な能力に起因するのかもしれない。

例えば、家族でドライブに行ったとき、飼い猫が車に乗ってしまっていて旅行先に置き去りにされたが、数日後に帰ってきたということがある。知らない土地からどうやって帰ってこられたのか、不思議な話である。これは猫だけでなく、犬でもよく聞く話である。

さらには、家族が引っ越したとき、手違いで猫が置き去りにされ、戻って探したが見つからなかったのに、半月もして引っ越し先に姿を現した、といった話もある。自分が知っている土地ならともかく、全く知らないところにいる飼い主を嗅ぎつけるなど神業としかいいようがない。もしかしたら、人間がはるか昔に失ってしまった地磁気などを感じ取る野性の能力が、猫や犬には残されているのかもしれない。いかに人間に飼い慣らされてはいても、野性を奪われてはいない。だからこそ、猫は神秘的で魅力的な存在なのだ。

徳島県

王子神社

受験の神様でもある猫神様

徳島市八万町に猫を祀る神社があり、そこに八万王子猫というものがあったと知って、徳島へと向かった。それにしても電話帳にも載っていないし、手がかりは何もない。とりあえず徳島市内の八万町に行って聞いてみようとバスに飛び乗った。八万町何丁目かのバス停で降りて、近くにあった酒屋さんに入ると、六十代と思われる主人がいた。正直な話、すぐに場所がわかるとは期待していなかった。猫を祀る社といっても大半は祠のような管理者もいない小さなものが多い。今回も出合う

▲文化の森の入り口にある王子神社

徳島市八万町向寺山
JR高徳線・徳島線・牟岐線徳島駅から徳島市民バス市原行き終点下車。文化の森行きシャトルバス利用

までに苦労するだろうと覚悟して行ったのだ。

ところが、「ああ、猫神さんね。文化の森にあるよ」。あっさりとそう教えてくれた。このあたりで知らない者はいないという雰囲気である。地域の人々にこれほど親しまれている猫神様がいたことに、まず驚かされたのだった。

さっそく文化の森に移動した。徳島県立の施設である文化の森は、小さな山がそのまま公園になっていて、図書館や美術館、博物館などが立っている。この文化の森の入り口を入ってすぐ右手の高台に王子神社がある。もとは周囲を見下ろす丘の上に立っていたのだが、文化の森として整備されるなかで、現在地に移築されたということだ。

参道の石段を上って鳥居をくぐると、正面に社が見える。三メートル四方ほどの社殿内には、大小たくさんの招き猫が並んでいる。参詣者によって奉納されたものだろう。境内の立て札に、「この〝猫神さん〟という呼び名は、俗に伝えられている〝阿波の猫騒動〟からきています」と書かれている。

いまから二百五十年ほど前のこと。庄屋の娘だったお松が無実の罪で捕らえられ、処刑された。その処刑の前に、お松は飼っていた猫のお玉に報復をしておくれと言い残して死んだのだった。その後、お松に罪をかぶせた者たちに、お玉の霊が次々と祟ったために、この地の奉行だった長谷川某が、王子神社にお松とお玉の霊を祀り、長谷川家によって代々崇敬されてきたと伝えられている。

▲社殿内は参詣者が奉納した招き猫でいっぱいに

▲王子宮と書かれたオリジナルの招き猫

▲絵馬に願いを書いて奉納する

▲お松とお玉の霊を祀る

社殿の裏手に回ると、お松とお玉の霊を祀る碑が並んで立っていて、その脇に石造りの〝おさすり猫〟が置かれている。自分の体に不調なところがあれば、猫の体の同じところをさすると治るということだ。

この王子神社はいつごろからか、「願い事をかなえてくれる猫神さん」といわれるようになり、開運や良縁を祈る人々が訪れるようになった。さらに近年は、受験の神様としても効験あらたかであるとされている。毎年、年明けから入試のころまで、県内外から受験生が合格祈願に訪れてにぎわうということだ。願かけの「絵馬」と「招き猫」を授与している。

高知県

須崎の猫神様

漁師町を見守ってきた、ぜんそくに効く猫神様

　多ノ郷駅を降りて海辺に向かって歩いていくと、あちこちにのぼりが立っていた。そののぼりには「大間のマグロ」とある。「しかし大間のまぐろといえば青森では」と思ったのだが、ここ高知県須崎市にも大間という地域があり、近海まぐろ漁がおこなわれているのだとか。この周辺の店ではとれたてのまぐろが食べられるので人気らしい。「高知といえばカツオの一本釣りというイメージが強いが、まぐろも名物なのか！」と新たな発見に感激。これなら猫神様もうれしいだろうと思

▲須崎湾に面する小さな猫神社

須崎市多ノ郷乙　猫神社
JR土讃線多ノ郷駅から徒歩で20分

いながら歩いていると、いつの間にか小さな港町へと足を踏み入れていた。

須崎の猫神様は、須崎湾に面した小さな集落の一角にある。戦前からここに祀られていたとのことで、昔から「婦人の病や脳の病に顕著なご利益」または「ぜんそくが治る」などと伝えられてきたそうだ。現在でも、ここに参るとぜんそくや気管支炎など喉の病気が治るというので、遠方から参詣に来る人も少なくないのだとか。

全国各地に猫神様がいるが、喉の病に効く神様はほかには聞いたことがない。猫神様といえば、養蚕の守り神というのが一般的。あとは受験の神様?、安産の神様?、漁の守り神?など、およそ猫とは異なるイメージのものばかり。地域性からみると最も近いのは漁の守り神というところだが、これについてはあとに記そう。

とにかく喉の病に効く神様とは、どこからきたものだろうか。

思いつくのは、天神様との関係である。猫神様はいわゆる〝荒ぶる神〟、すなわち妖力が強く、祟り神になれば恐ろしいが、鎮めれば力強い守り神になるのである。平将門を祀る神田明神のように、○○明神の名が付くのがこれにあたる。

さらに動物神でいえば、日本で最もポピュラーな稲荷神すなわちキツネの神様がいる。といっても正確にはキツネは稲荷神の眷属、使い魔であって稲荷神そのものではないのだが、キツネの好物だとされるアブラアゲを供えるなど、実際には稲荷といえばキツネ神というイメージが定着している。

この稲荷神社のなかに、疱瘡除けの神として信仰を集めてきたところがある。東京都葛飾区にある半田稲荷神社は江戸時代には子どもの疱瘡やはしか、安産祈願の参詣客が多かった。京都・伏見にある豊吉稲荷も疱瘡に効く神様とされていて、江戸城を最初に築いた太田道灌が疱瘡快癒を祈願したという話も伝わっている。疱瘡とは天然痘のことであり、現代でも指定伝染病になっているが、有効なワクチンがなかった時代には天然痘で亡くなる人が多く、治ったとしてもおできの跡が残り、あばた面になることもあった。

稲荷神がなぜ疱瘡除けの神になったのかは明らかではないが、一般的に動物は天然痘ウイルスに強いということがあるのかもしれない。昔は、悪霊が村に入ってこないように、村境

▲奉納されたさまざまな形をした猫

▲海辺を歩いていくと赤い鳥居が見える

に守り神として道祖神や牛神を祀っていた。牛は天然痘に強い生き物であることから、疱瘡除けの神として祀られてきた。天然痘の原因がわからなかった時代には、さまざまな病気は悪霊のせいだと考えられていたのである。

実は菅原道真を祭神とする天神社にも疱瘡に効くとされてきたところが多い。各地の郷土人形に「牛のり天神」という、天神様が牛に乗った姿の人形が作られてきた。人々はこの人形を豊作祈願、学問祈願、そして疱瘡除けとして買い求めた。もともと天神は雷神であり、農耕の神であったことから日本の農耕に欠かせなかった牛との結び付きが強く、これによって疱瘡除けの神様という性格が付与されることになったのではないかと考えられる。

猫神様を明神として祀るところが多いが、明神も天神ももともとは荒ぶる神を祀って鎮めたものである、天神社のなかに猫神様の祠がある場合も少なくない。その点で、猫神様と天神様は習合しやすかったのだろう。そして、疱瘡除けの神様には、せきや熱を鎮めるなど首から上の病を治す力もあるとされてきた。疱瘡すなわち天然痘は患者のせきやくしゃみで伝染する病気であり、子どもがかかりやすいはしかや水疱瘡などもせきやくしゃみ、高熱という症状が出る。ぜんそくや気管支炎など喉の病気に効くという須崎の猫神様も、かつては疱瘡除けの神様として信仰されていたのではないだろうか。

さらに、須崎という地域が隣の大間地域と同様に海に面した漁村であることから、航海や漁業の守り神としての猫神様でもあったのではないかと予測される。猫の島として観光客にも人気の宮城県田代島に祀られている猫神様は、もともとは漁業の守り神であり、昔は年明け最初に獲れた魚を猫神様の社に奉納していたという。熊本にある猫宮大明神も、当初は漁師をしていた家で飼われていた猫を祀ったものだというから、漁業の守り神であったのだろう（「宮城県　美与利大明神」「熊本県　猫宮大明神」を参照）。

小さな社に祀られた小さな猫神様だが、参詣者の想像をかきたててくれる魅力的な存在である。

熊本県

猫宮大明神
犬との戦いに勝った三毛猫を祀る社

南荒尾駅前を通る国道を熊本駅方向にしばらく歩くと、バス停の標識が立っている。ポールの上についた丸い標識に書かれているバス停名がなんと「猫宮」。バス停にまでなっているお宮はどこかと探してみると、すぐ近くに小さな社が立っていた。なかには神棚があり、両脇に「猫宮大明神」と墨書きされた灯籠が置かれている。

近くの家で尋ねたところ、「うちでお祀りしています」という話。そこで主人に詳しく話を聞くことにした。

荒尾市中一部
JR鹿児島本線南荒尾駅から徒歩で10分

▲地域の祭りもおこなわれた猫宮大明神

この家の先祖が長崎か島原の漁師をしていたときに飼っていた猫を祀ったもので、祠ももとは屋敷内に置かれていたそうである。そのころ、猫を飼う漁師たちと犬を飼う漁師たちとがいて、互いに最も強い猫と犬を戦わせたところ、猫が勝ち、飼い主には大金が入ったという。この猫の死後、屋敷内に葬り、上に二つの石を置いて祀ったと伝えられている。この二つの石は古墳時代の屋根形石棺の一部らしいが、「白虎」「青龍」と名づけて現在の社にも祀られている。

それ以来、この家では猫を大切にするようになったという話である。だから、この家では決して犬を飼ってはいけないとされてきた。現在の主人が小学生だったとき、小さな捨て犬

▲御札は火災除けとして人気が高い

▲大正時代から伝わる御札の版木

▲バス停名にも「猫宮」とある

を拾ってきたことがあったそうだ。しかし翌日、学校に行っているあいだに、子犬はほかの家に連れていかれてしまっていた。「あのときは本当に悲しかったけれどね」と言いながらも、主人はいまだに家訓を守って犬は飼っていないということだった。

大正時代に、この家に祀られていた猫神様を地域全体で祀ろうという話がもちあがった。当時は、鼠害を防ぐ猫神様として、養蚕農家の人々から信仰を集めていたらしい。社も新しく建てることになり、占い師を呼んで猫神様に移ってもらいたいとお願いしたところ、「わしゃいやじゃ、移らん」と、つれない返事。それでは困るからとなんとかお願いして、家の敷地内なら移ってもいいという了解をとりつけた。そのころは、猫神様のための祭りもにぎやかにおこなわれた。現在でも一月十日に祭りをおこなっているが、近所の人々が集まって会食をするぐらいだということである。しかし、大正時代から伝わる版木で刷る守り札は火災除けに効験があるとして、遠方から求めにくる人も少なくないそうだ。

いまでも住民はこの地域を「猫宮」と呼んでいる。これだけ親しまれている名前だから正式な地域名にしてほしいと以前から行政に要望していたが、その願いがかない、「猫宮」が正式に行政地域名として認められた。全国で歴史ある地域名が失われていくなかで、猫宮という地名が生まれたことはまさに快挙といえるだろう。

鹿児島県

猫神神社

島津軍が連れていた軍猫

にぎやかな鹿児島市の中心部からバスで十五分ほど走った海岸沿いに、仙巌園（磯庭園）がある。江戸時代の終わりまで鹿児島を統治した島津家の別邸があったところだ。観光地としても人気が高いこの仙巌園の一角に、猫神神社の小さな祠が立っている。この猫神神社には、島津氏の歴史の一ページが刻まれている。

十六世紀の終わり、豊臣秀吉がおこなった朝鮮出兵に島津氏も参戦。十七代当主島津義弘が率いた軍勢は、七匹の猫を連れていた。

▲きれいに整備された猫神神社

鹿児島市吉野町9700-1
JR鹿児島本線・九州新幹線鹿児島中央駅からシティビューバスで仙巌園（磯庭園）下車

▲おみやげにも人気の猫絵馬

▲愛猫のために御札を求める人も多い

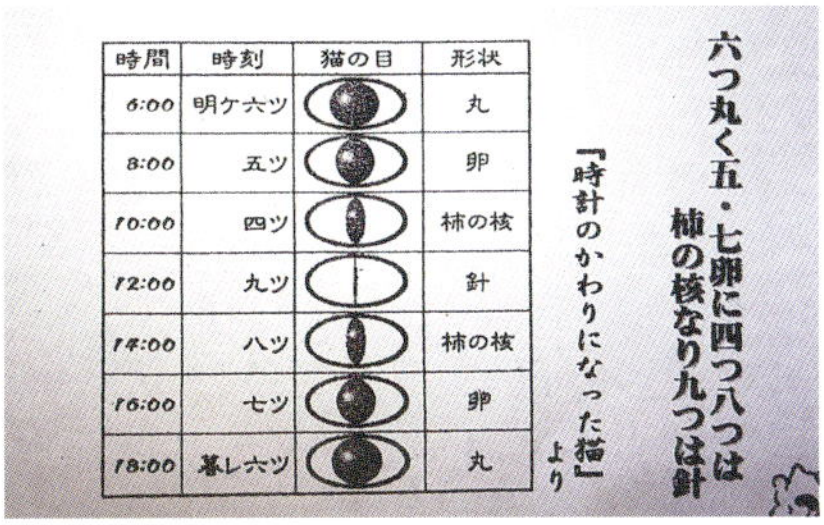

時間	時刻	猫の目	形状
6:00	明ケ六ツ		丸
8:00	五ツ		卵
10:00	四ツ		柿の核
12:00	九ツ		針
14:00	八ツ		柿の核
16:00	七ツ		卵
18:00	暮レ六ツ		丸

六つ丸く五・七卵に四つ八つは
柿の核なり九つは針
『時計のかわりになった猫』より

▲昔は猫の目で時間を知った

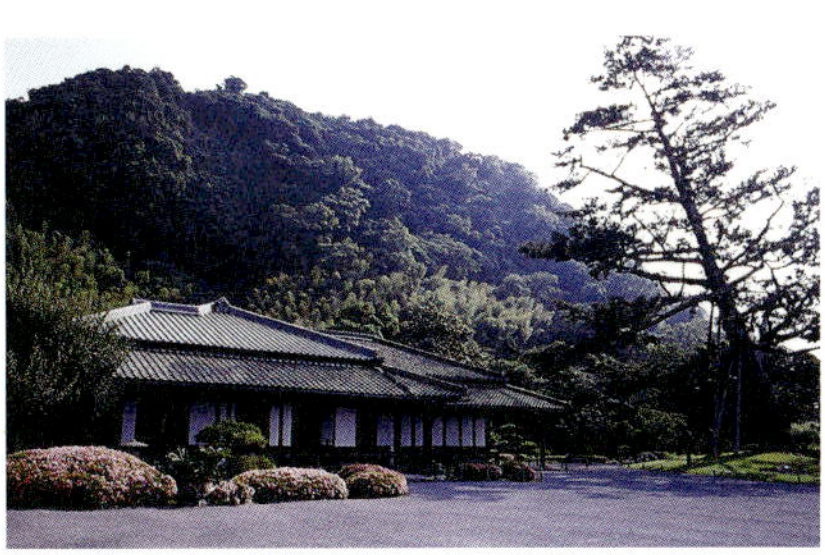

▲島津家の暮らしぶりを感じる御殿

このように軍隊に連れられた猫は軍猫と呼ばれていた。これらの猫はいずれも黄色と白色の波模様だったと伝えられているので、茶トラだったのだろうか。義弘の次男である久保にかわいがられ「やす」と名づけられていたという。久保は二十一歳の若さで朝鮮で病死した。七匹の猫たちにとっても厳しい戦だったのだろう。日本に生還することができたのは二匹にすぎなかった。この二匹を祀ったのが猫神神社である。

島津軍がなぜ猫を連れていたのかというと、猫の瞳孔の開き具合で、だいたいの時刻を推測したのではないかとされている。つまり「猫の目時計」である。時刻によって猫の瞳の形が変化することは昔から知られていたからだ。

そのため、猫神は「時の神様」ともなっていたらしく、現在でも、六月十日の時の記念日には鹿児島市内の時計業者の人たちの祭りがこの猫神神社でおこなわれている。

さらに最近は、口コミで猫神様の存在が知られ、東京や北海道など遠方から訪れる人も増えてきているそうだ。時の記念日前後の日曜日には、愛猫供養と長寿祈願もおこなわれている。全国から参加者が集まるほか、愛猫の写真や日頃親しんでいるものを送ってお祓いを受ける人も多い。

沖縄県

シーサー
沖縄の守り神となった猫族

シーサーといえば、沖縄では寺だけでなく、公園や一般家庭の玄関先にも飾られているポピュラーな存在だ。沖縄の守り神であり、各家の守り神でもあるので、祀られているといったほうが正確だろう。

シーサーは必ず一対で祀られる。口を開けている「阿」がメスで、幸運を呼び込むのだとか。口を閉じている「吽」がオスで、災難を家に入れないようにしているそうだ。これには別の説もあり、オスが口を開けて福を呼び込み、メスが口を閉じて呼び込んだ福を逃

▲玉陵墓の右上に雄のシーサーが、左上に雌のシーサーがいる

那覇市首里金城町1-3　玉陵
ゆいレール首里城駅から徒歩で15分

▲子猫を連れた雌のシーサー

▲鞠のひもをくわえた雄のシーサー

さないように貯めているともされる。

沖縄でシーサーが祀られるようになったのは十七世紀の後半、日本では江戸時代初期のことだという。当時、沖縄は独立国家であり、日本いわゆるヤマトの一部ではなかった。琉球王国の正史として編纂された『球陽』（一七四三―四五年）によれば、当時、火事などの災難が頻発したので風水師に助言を求めたところ、災疫の原因になっている八重瀬岳に向けて獅子の像を置けば鎮まるとのことだった。そこで、その言葉に従ってシーサーを設置したところ火事が起こらなくなったという。このシーサーは現存していて、八重瀬町富盛地区にある。ちなみにシーサーとは、沖縄言葉で獅子のこと。

阿吽（ア・ウン）の形からみても、日本の仏教寺院につきものの狛犬と似ているが、シーサーは犬ではなく獅子である。シーサーの源流には諸説あるが、有力なのは古代エジプトのスフィンクスやメソポタミアなどで街の入り口に置かれていた魔除けのためのライオン像だとされる。シーサーという言葉も、もとはサンスクリット語でライオンを意味するシンハーからきたとされる。沖縄では生活のなかに同じ猫族であるライオン神シーサーが存在していたため、猫神様が入り込むスキがなかったのだろうか。もっとも日本の仏教寺院にいる狛犬も源流はシーサーと同じように、古代オリエントから中国へと伝わったライオン像だと考えられるので、正確には犬ではなく猫族ということになる。

写真は世界遺産にも指定されている玉陵《たまうどぅん》に立つシーサーである。玉陵は琉球王朝の代々の王を埋葬した陵墓であり、作られたのは一五〇一年。日本はまだ戦国時代だったころのことだ。第二次世界大戦の終盤におこなわれた沖縄戦で大きな被害を受けたが、三年あまりの歳月をかけて修復された。陵墓の守り神であるシーサーも破壊されたが、戦前の写真をもとに復元され、往時の姿を今日に伝えてくれている。

貴女・遊女と猫

山形県

猫の宮

愛猫の供養に訪れる人が多い

猫の宮の近くに犬の宮があり、両宮が一対のものとして祀られている。猫の宮はかつて、養蚕の神様として近隣の人々の信仰を集めていた。現在では、飼い猫の健康や病気平癒を祈願したり、亡くなった愛猫の供養に訪れる人々でにぎわっている。といっても小さなお宮があるだけで、お札などを出しているわけではないので、詣でた人々は思い思いに猫の写真に願い事を書き込んで、それを社殿に貼り付けている。一面に貼られた写真に、人々の愛猫への思いの深さが感じられる空間だ。

▲田園地帯に立つ猫の宮

東置賜郡高畠町高安
JR奥羽本線高畠駅からタクシーで10分

この猫の宮には、次のような由来が伝わっている。

延暦年間(七八二―八〇六年)のこと。高安村に庄右衛門とおみねという夫婦が住んでいた。庄右衛門の家は代々庄屋で信心深かったが、夫婦には子どもがなく、猫をかわいがっていた。しかし、なぜか猫は次々に病死してしまう。今度こそ丈夫な猫を授かるようにと祈っていた。すると、ある夜、夢枕に観音菩薩が現れて、「猫を授けるから大切に育てよ」とのお告げがあった。そのお告げどおり、翌朝、庭に三毛猫が現れた。夫婦は喜び、猫に玉という名をつけて子どものように大切に育てていた。玉は村中の鼠を捕るので、村人たちにもかわいがられた。

玉はおみねになつき、おみねの行くところにはどこにでもついていった。便所でも離れることはなかったが、不思議なことに天井をにらんで、耳を横にしてうなり、いまにも飛びかかりそうな様子をしている。それを見ていたおみねは気持ちが悪くなって、夫に話した。そこで庄右衛門がおみねの着物を着て、おみねのふりをして便所に行くと、いつものように玉がついてきて、やはり天井をにらんでうなっている。庄右衛門はこれは怪猫ではないかと思い、隠し持っていた刀で猫の首を切り落とした瞬間、首は屋根裏へ跳び上がった。屋根裏を調べてみると、玉の首は大きな蛇にかみついていて、大蛇も死んでいた。

実は、この大蛇は村人に恨みをもっていたのだった。それは昔起きた出来事に関係していた。猫の玉と大蛇との事件から七十数年前のこと。都から役人がやってきて今年から年貢の

▲参詣者が愛猫の写真を奉納

▲愛猫の健康を祈る人が全国から訪れる

▲近くに寝そべる猫たちは眷属か？

代わりに春と秋に子どもを差し出すようにと命じた。村人たちは困りながらも、言いつけどおりに子どもを差し出すことにしたのだった。

ある日、旅の座頭が道に迷って村にたどり着き、一軒の家に泊めてほしいと頼んだ。その家は、この年の人年貢を差し出す番に当たっていた。その夜、役人が現れごちそうを食べ、帰り際に、「甲斐の国の三毛犬、四毛犬にこのことを知らせるな」と何回も念を押して出ていった。その言葉を聞いた座頭は、甲斐の国に使いを出して、三毛犬、四毛犬を借りてこさせた。さらに、村人にいろいろ知恵を授けていったのだった。

座頭の言葉に従って、村人は役人を酒宴に招き、酔いが回ったところで、二匹の犬を座敷に放つと、座敷のなかは大乱闘となった。しばらくして静かになったので、村人たちがのぞいてみると、部屋一面が血の海で、子牛のような大狸が二匹と多数の狸が折り重なって死んでいた。そばには三毛犬、四毛犬も横たわっていたが、息も絶え絶えの様子である。村人は懸命に手当てしたが、ついに二匹の犬も死んでしまった。その後、この村を救った犬たちを村の鎮守にせよとのお告げがあり、祀ったのが犬の宮だということだ。

大蛇は死んだ古狸の血をなめて、古狸の怨念を引き継ぎ、仕返しをしようと狙っていた。玉は観音様の化身で、庄右衛門とおみねを大蛇から守ろうとしていたのだった。それを知った夫婦はおおいに悔やみ、村人とともに村の安泰を守ってくれた猫の亡骸を手厚く葬り、堂を建てて春秋の供養をおこなうようになった。その後、村人は猫を大切に育てるようになり、養蚕が盛んになってからは猫の宮は養蚕の神様として信仰され、安泰な生活が続いたという。

古狸と犬の戦いにくわえて、大蛇と猫の戦いがあったというなんとも不思議な物語である。猫の宮の周辺に数匹の猫が遊んでいたが、玉の思いを引き継いでいる猫たちなのだろうか。

宮城県

少林神社

主人を守った猫は地域の守り神でもあった

少林神社と書いて「わかばやしじんじゃ」と読む。もともとはここに地域の鎮守が祀られていたが、他の地域の鎮守と合社して社殿が移転したため、この少林神社が新たに設けられたそうである。「わかばやし」は地域名に由来する。現在は社殿の右奥に「猫塚」と呼ばれる小さな猫神様の社が立っている。この猫塚には、一匹の猫にまつわる物語が伝えられている。

昔、この近くに侍が住んでいて、その家では猫を飼っていた。侍の妻が厠《かわや》（トイレ）へ

▲地域を見守る少林神社

仙台市若林区南小泉1-8
仙台駅からバスで22分の南小泉2丁目下車、徒歩で5分

用足しにいこうとすると、猫が着物のすそに絡みついて離れようとしない。そんなことが続いたので、侍は「さては化け猫か？」と怪しんで、猫の首を一刀のもとにたたき切ってしまった。

すると切られた首が厠の天井へ飛んでいき、そのまま天井裏へと入り込んでしまった。不思議なことだと天井裏を見てみると、大蛇が死んで横たわっているではないか。猫の首は大蛇の喉にしっかりとかみついていた。大蛇は厠の天井裏に身を潜めて、侍の妻の隙を狙って襲おうとしていたのだ。

猫が妻のすそに絡み付いて離れなかったのは、大蛇から妻を守るためだったとわかった侍は猫の亡骸を丁重に葬ったのだった。これが猫塚だという。

この忠義猫の話もまた、前にあげた猫の宮と共通する内容であり、同様の物語が全国各地で見つかる。蛇に狙われるのは侍や殿様の妻だったり娘だったりと変化するが、やんごとなき女性が蛇に狙われ、猫がそれを守ろうとするのだが、猫の行動が尋常ではないと感じた飼い主に首を切り落とされてしまう。それでも猫の首は蛇をかみ殺して奥方や姫の命を救うという筋は共通している。

これらの物語のなかで注目されるのは、猫とやんごとなき女性との関わりという点である。神に仕える女性（巫女）と動物神との交わりという神話での動物譚がその源流にあると考えられる。これについてはあとで検証しよう。

そういえば蛇もまた神の領域に近い生き物である。古代には蛇（とくに白蛇）は神の使いとされ、神社の鳥居やしめ縄は蛇が絡み付いている様子を模したものである。蛇を押しのけて、猫が動物譚の主役の座を勝ち取ったということだろうか。

新たな形で紡がれていく二十一世紀の神話は、どこに向かっていくのだろう。

▲猫塚の社には招き猫がいっぱい

▲昔のものらしい置物も

▲最近は猫祭りもおこなわれている

宮城県

角田の猫神権現

鎮守の森に合祀された猫の権現様

宮城県角田市の梶賀という地域には、猫神権現が祀られている。梶賀の鎮守である仁和《にわ》多理社《たりしゃ》と合祀され、五穀豊穣の神様として地域の人の信仰を集めてきた社である。境内には「猫塚」と彫られた石碑と、猫の姿が線描で彫られた石が置かれている。ここにも、貴女と大蛇の伝説が残っている。

昔、この梶賀に帯刀《たてわき》という武士が住んでいた。一匹の飼い猫がいて、帯刀の妻によくなついていて、厠にまでついていくほどだった。ある日、帯刀は妻について厠に行く猫の

▲仁和多理社内に祀られた猫神権現

角田市梶賀西1
阿武隈急行角田駅から徒歩で約20分

目が異様な様子であることに気づいた。そこで厠に行く妻の後を帯刀はひそかに追ってみると、猫が恐ろしい目つきをしている。そのあまりの恐ろしさに、帯刀は脇差で猫の首を切り落としてしまった。すると、切られた猫の首が天井へ飛んでいき、そこにいた大蛇にかみついたのである。大蛇が厠の天井に潜んで妻を狙っていたのだった。猫は妻から離れることなく、大蛇から守っていたのだった。

同じ宮城県内の少林神社と同様に、やんごとなき女性との関わりを感じさせる伝説である。

▲猫塚の銘がある石碑

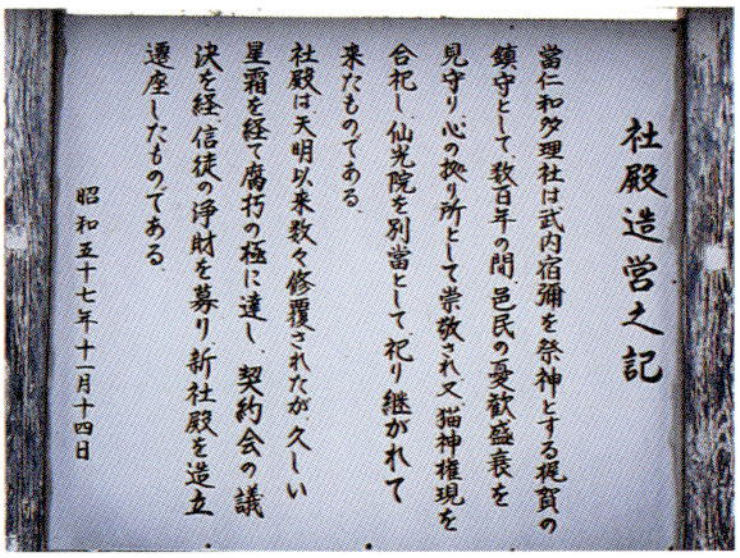

▲猫神権現の由来を伝える

▲猫神様の姿が彫られた石碑

福島県

猫啼温泉

和泉式部がかわいがった猫が見つけた温泉

猫啼温泉はその名前のとおり、一匹の猫に由来する温泉地である。この猫啼温泉には、平安時代中期の女流歌人和泉式部とその愛猫の物語が伝わっている。和泉式部は、同じ石川町曲木にいた安田兵衛国康という長者の一人娘だったとされている。国康は四十歳過ぎまで子どもがなく、二所の関の観世音に参詣祈願してようやく女の子が生まれ、玉世姫と名づけた。この子が十三歳で京に上り、和泉式部になった。

玉世姫が少女だったころ、石川の里にこん

▲光国寺の境内にある和泉式部堂

石川郡石川町字猫啼
JR水郡線磐城石川駅からタクシーで3分

▲和泉式部にちなんだ看板もある

▲和泉式部を祀る祭壇（井筒屋内）

▲和泉式部が休んだ櫛上げの石

こんと湧く清水があった。玉世姫はその泉のほとりにきては水に映して顔を洗い、髪をけずるのを楽しみにしていた。そのとき、玉世姫がいつも櫛を置いていた石があった。それがいま、猫啼温泉の井筒屋という旅館の庭にある「櫛上げの石」だという。

ところで玉世姫はかわいい子猫を飼っていた。京に上るときにも連れていこうとしたのだが、子猫は病気にかかり弱ってしまって、長旅には耐えられそうにない。そこで子猫を置いていくことにした。残された子猫は玉世姫を慕い、彼女が好きだった泉に来ては鳴き、その泉に浴しているうちに病気も治り、美しい猫に成長した。その猫が哀れで見守っていた里人は、この泉が霊泉であることを知り、それを汲んで入浴するようになった。そのためこの地は猫啼と呼ばれるようになり、やがて湯治場もできて名湯として知られるようになったという。

また、別の説では、その猫は痔の病にかかっていたとされている。その痛みを治そうと泉に浸ったところ、不思議に痛みが和らぎ、弱っていた体も日ごとに元気を取り戻していったという。その後、猫啼の湯は痔や神経痛に効能があるというので名が知られるようになったそうだ。

猫が痔になるかどうかはわからないが、猫が教えた温泉というのは珍しい。石川町内には、ほかにも、玉世姫が産湯をつかったとされる小和清水や、玉世姫が育った館があった金子舘跡、境内に和泉式部堂が立つ光国寺などが点在している。

猫啼温泉の旅館で聞いた話では、その名に引かれて温泉を訪れる猫好きもけっこういるとのことだった。和泉式部とその愛猫とに思いをはせながら、式部ゆかりの地を散策してみるのも楽しいだろう。

岐阜県

高山陣屋の猫石

代官の娘を守った猫は陣屋の守り神

観光地として人気が高い飛驒高山。その中心に位置する高山陣屋は、江戸時代の役所だったところ。一六九二年（元禄五年）、飛驒が幕府の直轄領となって以来百七十六年間、江戸から派遣代官や郡代が政務をおこなったのが陣屋である。徳川時代の陣屋としてそのままの姿を残しているのは全国でもここだけという、歴史的に貴重な建物である。

この高山陣屋に猫石があるというので係員にその場所を尋ねると、「ああ、伝説の……。お姫様の着物のすそを引っ張ったっていう話

▲江戸時代の役所だった高山陣屋

高山市八軒町
JR高山本線高山駅から徒歩で10分

でしょ。あれは、陣屋のなかにはないんですわ。もともとは陣屋の敷地のなかにあったのだけれど、いろいろあってね。それにしても、よく調べてこられましたな」。

教えてもらったとおりに高山陣屋の裏手に回ると、小さな空き地があって、そこに大きな石が置かれていた。大石には御幣がついたしめ縄が張られ、何かの御神体であることがひと目でわかる。これが高山陣屋の猫石である。

猫石の前に「旧陣屋稲荷宮境内地」という碑が立っている。元禄年間（一六八八―一七〇四年）ごろに、陣屋の西南隅（御蔵の西）に稲荷宮を奉斎して、年貢米を納めた御蔵の守護神にしたとされる。当時の稲荷宮の境内は百七十一平方メートルあったそうだ。一九一四年（大正三年）に社殿は一本杉白山神社に移され、猫石だけが残った。

この猫石には、郡代の娘と飼い猫にまつわる物語が伝わっている。

郡代の奥方は猫好きで猫を飼っていたが、猫は娘によくなついていた。娘はどこに行くにも猫を連れていったし、猫も娘のそばを離れなかった。ある日、娘が庭にある松の下で池のコイを見ていると、突然、猫が娘の着物のすそを引っ張りだした。叱ってもやめようとはせずに、ますます強く引き続ける。その様子を見た郡代が、このままでは娘に危害が及ぶと思い、刀を抜いて猫の首を切り落とした。すると切られた首は宙を飛び、松の木の上から娘を狙っていた大蛇にかみついた。大蛇はその場で息絶えたのだった。

郡代は、猫が娘を守っていたことを知り、猫を切ったことを後悔し、祠を建てて猫の霊を

▲御神体である巨大な猫石

▲猫石の由来を記した高札

▲高山陣屋は観光客にも人気

祀って慰めた。

　これが猫石を祀った由来とされている。観光客でにぎわう陣屋のなかと違って、猫石がある一角はひっそりと静まり返っていた。

鳥取県

猫薬師
湖山池に伝わる長者と猫の伝説

鳥取市の西部、夕日が美しい白兎海岸近くに、「湖山池」という名の湖がある。春は湖面がかすんで対岸が見えないことから「かすみ湖」とも呼ばれている。この湖山池に「猫島」と呼ばれる小さな島がある。湖岸から渡る橋はないので、船でしか行くことはできないが、赤い鳥居が立っているので湖岸からもすぐにわかるだろう。

この猫島に、猫薬師が祀られている。その由来は次のようなものである。

昔、ここに湖はなく、一帯には広大な水田

▲湖山池に浮かぶ島に赤い鳥居

鳥取市高住
JR山陰本線鳥取駅から吉岡温泉行きバスで高住下車

が広がっていた。その水田を所有していたのが湖山長者である。立派な屋敷に住み、蔵のなかには金銀財宝とともに多くの穀物が納められていた。しかし長者には世継ぎがなく、なんとか子どもを得たいと信心していた薬師如来に祈願したところ、めでたく女の子が生まれたのだった。長者夫婦はもちろん、里の人々にも愛されて、娘はすくすくと育ち八歳になった。

その年の春のこと、千町歩(約千ヘクタール)もある長者の水田で田植えが始まった。毎年、この日には近郷近在から何千人もの人々が集まって、歌を歌いながら田植えをするのが習わしだった。その年も同じように田植えが進んだが、いつしか陽が西の山に沈みかけても、まだ田植えが終わっていない水田が広がっている。長者の家では、田植えを一日で終えるのが代々の決まりとされていた。この日に田植えが終わりそうにないことを知った長者は、秘蔵の金扇を持ち出すと、高楼に登って金扇を開き、沈みかける陽を三度差し招いた。すると陽が光を増しながら西の空から昇り始めたではないか。人々は驚きながらも仕事を続け、その日のうちに田植えを終えることができたのだった。

翌朝、目覚めた長者が高楼に登って眺めると、昨日田植えを終えたはずの水田は姿を消し、そこには青い水をたたえた湖が広がっていた。天を恐れず陽を招いた罪によって、長者の水田は一夜にして湖に変えられてしまっていたのだ。

さらに悲しいことは続いた。あれほどかわいがっていた長者の愛娘が失踪したのだ。あたりをくまなく捜したが、その行方はついにわからなかった。その後、長者の家は没落した。

▲猫島をながめる湖岸に建てられた石塔

▲猫島には薬師如来に仕える猫が祀られている

湖山長者が没落してしばらくたったころ、湖山池の岸辺の里にあった「そら山」から明るい光が放たれていた。里人が行ってみると薬師如来像があったので、お堂を建てて安置したのだった。そのお堂にいつの間にか一匹のキジ猫がやってきて、人間と同じように薬師如来を礼拝し始めた。それが五、六年続いたが、やがていなくなってしまった。その後、戦火によってお堂は焼失したが、現在の猫島に庵を建てて薬師如来を安置したのだった。あるとき、仏壇の下に光るものがあるので見ると、干猫（猫のミイラ）がある。その夜、庵主の夢に一匹の猫が現れて、「自分は湖山長者に飼われていた猫だが、この薬師如来を信仰していた。畜生の身ではあったが、薬師如来のご利益で成仏することができたので、これからも薬師に仕えて世の人々にご利益を与えたい」と告げた。庵主はこれを厨子に入れて祀り、猫薬師と呼ばれるようになったという話である。

また一説には、水田が湖に変えられたとき、長者の娘がその湖に沈んだとも伝えられている。娘がかわいがっていた猫も一緒に水中に没したが、猫島のほとりに打ち上げられ、干し固まった。これを祀ったのが猫薬師だともいわれている。

現在も九月の第一日曜日に、地域の人々によってささやかな祭りがおこなわれている。

岡山県

育霊神社

姫と猫の悲しい伝説が伝わる

岡山県新見市は吉備高原から中国山地にかかる丘陵地帯に位置している。この一角にある育霊神社は、知る人ぞ知る心霊スポットともいえるところだ。

育霊神社の社務所までは最寄り駅の野馳駅からタクシーが利用できるが、奥の院まで行くには山道を歩くしかない。参道入り口に鳥居が立っているが、これがなかなか見つけにくい。ようやく探して山道を歩くこと二十分ほど。大きな岩が張り出しているところで休憩して、ふと見上げると岩の上に何やらうず

▲育霊神社の本殿

新見市哲西町大野部3959
JR芸備線野馳駅からタクシー10分で育霊神社社務所。参道入り口から徒歩で約30分で奥の院

くまっているものがいる。なかなかリアルな猫の石像である。さらに十分ほど登ると奥の院があり、狛猫が出迎えてくれる。

育霊神社は猫神様を祀る神社ではあるが、それ以上に丑の刻参りで知られている。それには、この神社の起源につながる伝承が関わっている。

育霊神社奥の院の周辺は、一三一九年（元応元年）に斉藤尾張守景宗が山城を築いたところだった。しかし敵との戦いに敗れ、落ち延びることになった。

景宗の娘である依玉姫はかわいがっていた猫と一緒に逃げ延び、祠に身を隠した。危機を逃れたといっても、それは一時のことにすぎない。味方が探しにくる気配もなく時は過ぎていった。

猫は姫を置いて、祠の外に出ていった。姫がお腹をすかせていると思い、村に食料を探しにいったのだった。村人から握り飯をもらうと、再び祠へと向かった。

ところが、途中で誰かにつけられている気配がする。依玉姫が飼っていた猫だと気づいた敵兵が後をつけてきていたのだ。猫は敵をまこうと、祠とは別の方向へと向かった。

しかし、敵も猫がだましていると感づいて、猫をつき殺してしまう。

翌日、猫を探しに出た姫は、山道で冷たくなっている猫を見つけ、悲しみのあまりその場で自害して果てたのだった。

それを知った父の景宗は姫と猫の祠を建て、その前で敵兵を呪った。すると、猫を殺した

▲奥の院への参道を見守る石猫

▲形は招き猫だが威厳を感じる姿

▲信者によって奉納された猫の石像

敵兵が次々と変死したという。

以来、育霊神社では呪いがかなえられるといわれるようになり、丑の刻参りに訪れる人が後を絶たない。

ちなみに丑の刻参りとは、鬼の面をつけて、頭にろうそくを二本巻き付け、呪う相手の名前を書いた藁人形に五寸（十五センチほど）釘を打ち込むと呪いがかなうとされている。これは丑の刻（午前一時から三時）におこない、その姿を他人に見られてはいけない。丑の刻以外にやっても呪いは成就しないし、他人に見られると、かけた呪いが自分に降りかかってしまうとされている。

▲奥の院の社にも猫の置物が

▲鳥居をくぐると奥の院への参道

育霊神社が丑の刻参りの名所になったのは、依玉姫が飼っていた猫が強い妖力をもっていたということだろう。

それにしても、この話を聞いて、ある物語を思い出さないだろうか。滝沢馬琴『南総里見八犬伝』は江戸時代に書かれた小説だが、そこで描かれている伏姫と犬の八房の関係が、育霊神社に伝わる依玉姫と猫の関係によく似ている。もっとも伏姫は八房の妻になったという設定で、依玉姫と猫との関係はそこまで明確になってはいないが、通常の飼い主とペットの関係とは思えない。

古代から、姫のような高貴な身分の女性が神の化身である動物の妻になる、という神話が語り継がれてきた。美しい馬に心奪われた姫や、山奥の淵の主である大蛇の妻になることで洪水を防いだ娘の話など、各地の伝承のなかにかいまみえる。

さらに依玉姫という名が玉依姫を連想させるのも気になるところ。『古事記』や『日本書紀』にも出てくる玉依姫とは、霊の依り代になる巫女であり火雷神の妻となって別雷神を産んだという伝承もあるように、神の妻となる存在である。依玉姫もこうした巫女のひとりであり、猫神様の依り代であり妻だったと考えることができる。

古代の神話につながるような伝説が伝わっているのは、育霊神社が立つところの地域性にも支えられているのだろう。この一帯では、昔ながらの習俗が現在でもおこなわれているそうだ。例えば、その年の豊凶を占うための儀式がある。壺に米と水を入れて上に和紙を乗せ、数カ月後にどんな状態になっているかで豊作か凶作か、害虫や病気が多いか少ないかがわかるのだそうだ。

すでにみたように、やんごとなき女性と猫神様との関わりをイメージさせる伝説が各地に伝わっている。福島県にある猫啼温泉には、平安時代の宮廷女官である和泉式部とその飼い猫の話がある。和泉式部はこの地域の大金持ちの一人娘で、子どものころには玉世姫と呼ばれていたころの話とされている。鳥取県の湖山池にも、かつてこの地に住んでいた長者の娘と飼い猫との話が残っている。娘と猫には直接的な関わりはないが、娘が猫とともに湖で亡くなったという説もあり、やはりこの娘も巫女であったか、あるいは洪水を防ぐための人柱になったと思われるのである（「福島県　猫啼温泉」「鳥取県　猫薬師」を参照）。

福を招く

東京都

豪徳寺

井伊家の殿様を招いた幸運を招く猫

豪徳寺は江戸時代から彦根藩主・井伊家の菩提寺だったが、猫寺としても知られていた。豪徳寺では江戸時代から招き猫を出していたが、これを「招福猫児」と書いて「まねぎねこ」と呼んでいる。この「招福猫児」には、一匹の猫に由来する話が伝わっている。

豪徳寺はもともと弘徳庵という寺名の小さな寺だった。天極秀道禅師が和尚だったとき、一匹の猫をかわいがっていた。ある夏の日の午後、門のあたりが騒がしいので和尚が出てみると、五、六人の武士が門前で馬を下りて

▲数多くの参詣者が訪れる豪徳寺本堂

世田谷区豪徳2-24-7
小田急小田原線豪徳寺駅から徒歩で10分

寺のなかに入ろうとしていた。装束からみて、鷹狩りの帰りとみられる様子だった。「いま、この寺の前を通りかかると、門前に猫が一匹うずくまり、手を上げてしきりにわれわれを招くので入ってきたのだが、しばらく休憩させてほしい」とのことだった。そこで奥の間に招き入れて茶などを出していると、突然、空が曇り、激しい雷鳴とともに夕立が降り始めた。雨が上がるまで、和尚が静かに仏の説法をするのを聞いて、武士はとても心うたれた様子だった。帰り際、自分が彦根城主・井伊直孝であることを告げ、「猫に招き入れられて雨をしのぎ、貴僧の法談を聞くことができたのも、ひとえに仏の因果にちがいない」と話して帰っていった。直孝の死後にその遺体を弘徳庵に葬り、寺名も直孝の法号をとって豪徳寺と改められた。その後、井伊家から田畑の寄進もあり、伽藍も整えられていった。和尚は猫の墓を建てて、その冥福を祈った。現在は直孝の墓の裏手にある木立になっているところに以前は祠があり、それが猫塚と呼ばれていた猫の墓だったのだろうとされている。

さらに後世の人が、この猫の姿を模した猫の人形を作って「招福猫児」と呼んで祀ったところ、吉運を呼び、家内安全、商売繁盛になるとして世に知られるようになったという。

実は、この「招福猫児」には、もうひとつの由来譚が伝わっている。井伊直孝が亡くなり、その遺体を彦根に葬るための行列が箱根にさしかかったとき、激しい雷雨に襲われ、そのなかから火蛇が現れて直孝の棺を奪おうとした。そこに老僧が現れて経文を唱えると、雷雨がやみ、火蛇もいなくなった。その老僧は、弘徳庵の住持だと名乗って姿を消した。直孝の跡を継いで井伊家の当主となった直澄はこの不思議な出来事に驚いて、雷雨を晴らして火蛇を追い払った高僧がいる寺こそ菩提寺にふさわしいと、直孝の遺骸を弘徳庵に葬り、井伊家の菩提寺と定めた。箱根に現れた老僧はこの弘徳庵で飼われていた猫が化けたもので、かわいがってくれた和尚の恩に報いたのだという。

この話はほかの地域でみられる猫の恩返しの物語とそっくりだが、豪徳寺周辺の地域で語り継がれてきた話だそうだ。

ちなみに、豪徳寺が井伊家の菩提寺として発展したのは、直孝の死後のことで、直孝の娘・掃雲院の手によるものだった。

現在は、本堂の西側に招福廟というお堂が立っていて、その脇に招き猫の奉納所が作られている。願をかけて招き猫を求め、その願いがかなうと、招き猫を奉納する。奉納所の棚には奉納された大小の招き猫が所狭しと並んでいる。

▲大小さまざまな招き猫がびっしりと奉納されている

▲薬師如来もびっくりの猫軍団

▲絵馬に願いを書いて奉納

▲豪徳寺オリジナルの招き猫絵馬

東京都

自性院

猫の顔をもつ猫地蔵を祀る寺

真言宗の開祖である空海上人が日光山に参詣の道すがら観世音菩薩を供養した。これが自性院の辻観音だと伝えられている。足利政権の初期、十四世紀後半におこなわれた本尊仏供養に造られた板碑が現存し、また一四七八年（文明十年）七月の本尊修理の記録などが残っていることからも、歴史が古い寺であることがわかる。

江戸時代には、「猫寺」あるいは「猫地蔵」と呼ばれて親しまれていた。それを表しているように、いまでも境内へと続く門の上

▲室町時代創建と伝えられる自性院

新宿区西落合1-11-23
都営地下鉄大江戸線落合南長崎駅から徒歩で5分

▲山門で参詣客を迎える猫

▲大判を持って福を呼ぶ

▲2体の猫地蔵が安置されている

に、猫の石像が立っている。ここには二体の猫地蔵尊が安置されている。秘仏とされているが、毎年二月三日の節分の日だけは一般にも開帳される。二体の猫地蔵尊には、それぞれに縁起が伝わっている。

一体の猫地蔵尊は、戦国武将である太田道灌と黒猫との物語に由来をもつ。一四七七年（文明九年）のこと、当時、この一帯を支配していた豊島城主・豊島左エ門尉と太田道灌とが刃を交えた。江古田ケ原の合戦と呼ばれる戦いである。その戦いの最中、夕暮れどきに道に迷った道灌の前に、一匹の黒猫が現れた。黒猫は、親しげに道灌の足元にすり寄ったあと、道灌のほうを何度も振り向きながら歩いていく。それに誘われるようについていくと、自性院にたどり着いた。危機を脱し、無事に一夜を明かすことができた道灌は、戦いに勝利したのだった。「これもひとえに猫のおかげ」と感激した道灌はこの黒猫を大切に飼い、死後も丁重に葬って一体の地蔵尊を自性院に奉納したのだった。

それから二百九十年後の一七六七年（明和四年）四月十九日、江戸で貞女の誉れ高かったひとりの女性が亡くなった。加賀屋という豪商の娘に生まれ、金坂八郎治の妻になった女性である。すし屋を営んでいた弥平という男が、その女性の死を惜しみ冥福を祈るとともに、貞女の誉れを後世への鑑として伝えたいと、高さ五十センチほどの石で猫面地蔵尊を彫り上げ、自性院の住職だった鑑秀上人に開眼供養を依頼して法要をおこない、その地蔵尊を納めたと伝えられている。

この二体の猫地蔵尊が当時の江戸で評判になり、貞女にあやかりたい、また、地蔵尊のご利益にあずかりたいと願う人々が訪れ、たいへんなにぎわいをみせたという。

現在も、仕事や買い物の合間に立ち寄って地蔵堂の前で手を合わせる参拝客の姿が見られるほか、二月三日の節分の日には多くの人が参拝に訪れる。

[著者略歴]

八岩まどか（やついわ・まどか）

1955年生まれ。20代後半に、昔ながらの湯治場をめぐり、観光旅行ではない温泉のよさを再発見。以来、温泉の歴史、文化、民俗に興味を覚えて執筆活動を展開。ほかに、ニオイやセクシュアリティーなど、皮膚感覚といえる領域にも活動を広げている

著書に『フリーライターになろう！』『猫神様の散歩道』『温泉と日本人 増補版』（いずれも青弓社）、『混浴宣言』（小学館）ほか

猫神《ねこがみ》さま日和《びより》

発行　2018年6月27日　第1刷

定価　1800円＋税

著者　八岩まどか

発行者　矢野恵二

発行所　株式会社青弓社

〒101-0061 東京都千代田区神田三崎町3-3-4

電話 03-3265-8548（代）

http://www.seikyusha.co.jp

印刷所　三松堂

製本所　三松堂

ISBN978-4-7872-2074-5 C0026

青柳健二

全国の犬像をめぐる
忠犬物語45話

雪崩から主人を救った新潟の忠犬タマ公、小樽の消防犬ぶん公、東京のチロリ、郡上の盲導犬サーブ、松山の目が見えない犬ダン、筑後の羽が生えた羽犬……。全国各地の約60体をたずね、カラー写真と来歴で顕彰する。　定価1800円＋税

吉野りり花

日本まじない食図鑑
お守りを食べ、縁起を味わう

季節の節目の行事食や地域の祭りの儀礼食、五穀豊穣などを願う縁起食などの全国に息づく「食べるお守り」＝まじない食と、その背景にある民俗・風習、それを支える人々の思いをカラー写真とともに紹介する。　定価2000円＋税

弟子吉治郎

日本まんじゅう紀行

福島の薄皮まんじゅう、長野の酒まんじゅう、四日市のなが餅、草津の温泉まんじゅう、奈良のよもぎ餅に京都のあぶり餅、東京の黄金芋、北海道の羊羹……。おいしそうな写真を添えて店舗の情報とともに紹介する。　定価1800円＋税

梶川敦子

生きるヒント『易経』

善も悪も、幸運も不運も、完成も未完成も、大きな時運というもののなかで絶対的に決められることはなく、繰り返し現れる――。不可思議な生を心おおらかに明るく生きるヒントにあふれた『易経』へようこそ！　定価1600円＋税

北出幸男

日本ヒスイの本
最高のパワーストーン

縄文・弥生から古墳時代にかけて日本列島にはヒスイ文明が栄えていた。それから1,500年後に現代によみがえった日本ヒスイ（糸魚川翡翠）は、最高のパワーストーンとして、元気な毎日と勇気を与えてくれる。　定価1600円＋税